孫明復小集
손명복 소집

<지식을만드는지식 고전선집>은
인류의 유산으로 남을 만한 작품만을 선정합니다.
오랜 시간 그 작품을 연구한 전문가가
정확한 번역, 전문적인 해설, 풍부한 작가 소개, 친절한 주석을
제공합니다.

孫明復小集
손명복 소집

손복(孫復) 지음
전병철 옮김

대한민국, 서울, 지식을만드는지식, 2023

편집자 일러두기

- 이 책은 ≪손명복소집(孫明復小集)≫(사고전서 집부, 1782)을 원전으로 삼아 전체를 번역했습니다.
- 이 책은 국내에서 처음으로 소개됩니다.
- 이 책의 해설 및 주석은 독자들의 이해를 돕기 위해 모두 옮긴이가 붙인 것입니다.
- 해설에 삽입한 사진은 필자가 직접 답사하며 찍은 것입니다.
- 한글에 한자를 병기할 때 괄호 안의 말과 바깥 말의 독음이 다르면 [ ]를 사용하고, 번역어의 원문을 표시할 때는 ( )를 사용했습니다. 또 괄호가 중복될 때에도 [ ]를 사용했습니다.
- 고대 인명과 지명은 한자 독음으로 표기하고 현대 인명과 현대 지명은 국립국어원의 중국어 표기법에 따라 표기했습니다.

차 례

문(文)

요임금의 권도(權道)에 대해 논함 · · · · · · · · · · · · 3

순임금의 체제에 대해 논함 · · · · · · · · · · · · · · 9

문왕(文王)에 관해 논함 · · · · · · · · · · · · · · · 15

사호(四皓)에 대해 논변함 · · · · · · · · · · · · · · 22

동중서론(董仲舒論) · · · · · · · · · · · · · · · · · 27

양자(揚子)에 대해 변론함 · · · · · · · · · · · · · · 34

한 원제(元帝)의 찬(贊) 뒤에 씀 · · · · · · · · · · · · 38

가의(賈誼)의 전(傳) 뒤에 씀 · · · · · · · · · · · · · 43

평진(平津)을 죄줌 · · · · · · · · · · · · · · · · · 47

무위(無爲)의 올바른 뜻 (상) · · · · · · · · · · · · · 52

무위(無爲)의 올바른 뜻 (하) · · · · · · · · · · · · · 57

범 천장에게 보내는 편지 (1) · · · · · · · · · · · · · 61

범 천장에게 보내는 편지 (2) · · · · · · · · · · · · · 67

공 급사에게 올리는 편지 · · · · · · · · · · · · · · 78

장동(張洞)에게 답하는 편지 · · · · · · · · · · · · · 85

연주(兗州) 추현(鄒縣)에 건립한 맹묘(孟廟) 기문 · · · · 92

신도당기 · · · · · · · · · · · · · · · · · · 97
유자(儒者)의 치욕 · · · · · · · · · · · · · · · 100
세자 괴외(蒯聵)에 대해 논함 · · · · · · · · · 105

시(詩)

밀랍 촛불 · · · · · · · · · · · · · · · · · · · 113
8월 14일 밤에 · · · · · · · · · · · · · · · · 114
학생들을 깨우쳐 줌 · · · · · · · · · · · · · 115

부록

손명복 선생 묘지명 병서 · · · · · · · · · · · · 121

해설 · 129
옮긴이에 대해 · · · · · · · · · · · · · · · · 159

문(文)

요임금의 권도(權道)에 대해 논함

　요(堯)임금은 상성(上聖)의 자질을 타고나 천자의 지위에 있었으니, 사람을 살릴 수도 있고 죽일 수도 있었으며 흥하게 할 수도 있고 폐하게 할 수도 있었다. 저 팔개(八凱)[1]와 팔원(八元)[2]은 천하 사람들이 다 함께 그들의 훌륭함을 알았다. 요임금은 어찌하여 도리어 그것을 알지 못했는가? 알았는데도 오히려 등용할 수 없었는가? 저 삼묘(三苗)[3]와 사흉(四凶)[4]은 천하 사람들이 다 함께 그들의 악함을 알았다. 요임금은 어째서 도리어 그것을 알지

---

[1] 팔개(八凱) : 고양씨(高陽氏)가 거느렸던 재주가 있는 여덟 사람이다.
[2] 팔원(八元) : 고신씨(高辛氏)가 거느렸던 여덟 명의 재주 있는 사람이다.
[3] 삼묘(三苗) : 강주(江州)·회주(淮州)·형주(荊州)에 살던 세 종족 또는 그 나라를 가리킨다.
[4] 사흉(四凶) : 악명이 높았던 네 사람으로, 공공(共工)·환도(驩兜)·삼묘(三苗)·곤(鯀)을 말한다. 일설에는 혼돈(渾敦)·궁기(窮奇)·도올(檮杌)·도철(饕餮)이라고 한다.

못했는가? 알고도 오히려 제거할 수 없었는가? 만약 그들의 선함을 알았는데 등용할 수 없었고 그들의 악함을 알고도 제거할 수 없었다면, 요임금도 성인(聖人)이 아니라는 것을 알 수 있다. ≪서경(書經)≫에서는 무슨 까닭으로 '총명하고 문채로우며 생각이 깊어 광택이 천하를 편안케 하셨다'[5]는 말을 했는가?

아, 저 팔개와 팔원은 요임금이 등용할 수 없었던 것이 아니다. 등용할 수 있었지만 하지 않았다. 삼묘와 사흉은 요임금이 제거할 수 없었던 것이 아니다. 제거할 수 있었지만 하지 않았다. 등용할 수 있었는데 하지 않았고 제거할 수 있었지만 하지 않았던 것은 권도(權道)[6]다.

요임금은 천하가 지극히 광대하고 신기(神器)[7]가 지극히 중대한데 그의 아들 단주(丹朱)는 이미 불초해 제위

---

5) 총명하고… 하셨다 : ≪서경(書經)≫ <요전(堯典)>에 근거한 말로, 원문은 다음과 같다. "欽明文思安安 允恭克讓 光被四表 格于上下."
6) 권도(權道) : 수단 방법은 정도(正道)가 아니지만 목적은 정도(正道)에 맞는 방식을 말한다. 여기서는 요임금이 순임금에게 천자의 자리를 물려주기 위해 그 상황에 적절한 방도를 취한 것을 뜻한다.
7) 신기(神器) : 나라를 상징하는 기물로 옥새(玉璽)・보정(寶鼎) 등을 말하는데, 의미가 확장되어 제위(帝位)나 정권을 일컫기도 한다.

의 계승을 감당할 수 없으리라 생각했다. 그러므로 순(舜) 임금에게 명해 제위를 물려주려 했다. 순임금은 미천하고 누추한 곳에 있다가 발탁되었으니, 비록 '명철하고 성스럽다[睿聖]'고 일컬어졌지만 대대로 쌓인 공덕이 빛나지 못했다. 사악(四岳)8)과 십이목(十二牧)9)이 그의 덕에 완전히 감복하지 않았고 구주(九州)와 사해(四海)가 그의 은택을 모두 다 입지 못한 상황에서 갑작스레 큰 지위를 줄 수는 없었다. 만약 갑작스레 주었다면 사악과 십이목이 모두 신하로서 섬겼겠는가? 구주와 사해가 모두 받들었겠는가? 신하로서 섬기지 않고 받들지 않는다면 싸우고 반란할 것이다. 요임금은 이와 같은 점을 두려워한 것이니, 권도가 아니면 어떤 방법으로도 제위를 물려줄 수 없었다.

그리하여 자신의 재덕(才德)을 감추는 데에 마음을 기울여 드러내지 않는 방법을 써서 사람들이 순임금을 살펴보게 했다. 그러므로 팔개와 팔원이 훌륭함을 쌓아 가도

---

8) 사악(四岳) : 요임금을 도와 사방의 제후들을 나누어 관장하던 네 명의 신하로, 희(羲)와 화(和)의 네 아들을 말한다.
9) 십이목(十二牧) : 12주(州)의 장관을 가리킨다.

등용하지 않았으며, 삼묘와 사흉이 악함을 쌓아 가더라도 제거하지 않았다. 요임금이 만약 팔개와 팔원을 모두 등용하고 삼묘와 사흉을 전부 제거했다면, 순임금이 천하에 무슨 공로가 있었겠는가? 이런 까닭으로 요임금이 등용하지 않고 순임금이 그들을 등용하게 했으며, 요임금이 제거하지 않고 순임금이 제거하게 함으로써 그 공로를 기다려 천하에 드러나게 했던 것이다. 사악과 십이목이 함께 신하로서 섬기지 않는 이가 없고 구주와 사해가 모두 받들지 않는 곳이 없어진 뒤에 큰 지위를 물려주어 싸우고 반란하는 사태를 끊은 것이다. 요임금이 아니라면 누가 이러한 일에 참여할 수 있겠는가?

그러므로 공자(孔子)가 "위대하시다! 요임금의 임금 노릇 하심이여. 우뚝하게 하늘만이 위대하거늘 요임금이 본받으셨다. 넓고 넓어 백성이 무엇이라 이름 붙일 수가 없구나. 우뚝하게 공로를 이루심이여. 찬란하게 문장을 가지심이여"10)라고 말했다. 이 칭송은 요임금이 권도를 사용해 순임금에게 제위를 물려줄 때 그 방법이 이처럼 굉

---

10) 위대하시다… 가지심이여 : ≪논어(論語)≫ <태백(泰伯)>에서 인용한 말이다.

대하고 고원해 어느 누구도 그 자취를 볼 수 없었던 일을 말한 것이다. 그런데 선유(先儒)는 요임금이 등용할 수 없었고 제거할 수 없었다고 일컬었으니, 망령되구나.

堯權議

堯以上聖之資居天子之位 可生也 可殺也 可興也 可廢也 彼八凱八元者 天下共知其善也 堯豈反不知之哉 知之反不能舉耶 彼三苗四凶者 天下共知其惡也 堯豈反不知之哉 知之反不能去耶 若知其善而不能舉 知其惡而不能去 則知堯亦非聖人矣 書何以謂之聰明文思光宅天下者乎

噫 彼八凱八元者 堯非不能舉也 能舉而不舉也 三苗四凶者 堯非不能去也 能去而不去也 能舉而不舉 能去而不去者 權也 堯以天下至廣神器至重 朱旣不肖 弗堪厥嗣 故命於舜 舜起於徵陋 雖曰睿聖 然世德弗耀 四岳十二牧未盡服其德 九州四海未盡蒙其澤 不可遽授之以大位也 若遽授之 則四岳十二牧其盡臣之乎 九州四海其盡戴之乎 不臣不戴 則爭且叛矣 堯懼其如是也 非權何以授之 於是 潛神隱耀 厥用弗彰以觀於舜 故八凱八元 雖積其善而不舉也 三苗四凶 雖積其惡而不去也 堯若盡擧八凱八元 盡去三苗四凶 則舜有何功於天下也 是故堯不擧 而俾舜擧之 堯不去而俾舜去之 俟其功著於天下 四岳十二牧 莫不共臣之 九州四海 莫不共戴之 然後授之大位 絶其爭且叛也 非堯誰能與於此

故孔子曰 大哉 堯之爲君也 巍巍乎 惟天爲大 惟堯則之 蕩蕩乎 民無能名焉 巍巍乎其有成功也 煥乎其有文章 蓋言堯

以權授舜 其道宏大高遠之若是 而人莫有能見其迹者 而先儒稱堯不能舉不能去 妄哉

순임금의 체제에 대해 논함

순임금이 천명(天命)을 받아 천자가 된 후, 12명의 재상[11]을 등용하고 4명의 간흉[12]을 추방했다. 하지만 천자로서 천하를 다스리는 제도에 미진한 부분이 있다고 여겼다. 이에 정신과 사려를 극진히 다해 더하고 보탰다. 이른바 천자로서 천하를 다스리는 제도란 임금은 임금답고 신하는 신하다워 윗사람과 아랫사람이 오래도록 서로 업신여기지 않는 것이다.

---

11) 12명의 재상 : 12주(州)를 다스리는 12목(牧)을 가리키는 듯하나 분명하지 않다.

12) 4명의 간흉 : 전설로 전해지는 상고 시대의 흉측한 네 명의 부족 수령들을 말한다. ≪춘추좌씨전(春秋左氏傳)≫ <문공(文公) 18년> 조에, "순임금이 요임금의 신하로 있을 때 사방의 문을 활짝 열어 인재들을 영접하는 한편, 4명의 간흉인 혼돈(渾敦), 궁기(窮奇), 도올(檮杌), 도철(饕餮) 등을 사방 변두리에 귀양 보냈다"라고 기록한 내용이 보인다. ≪서경(書經)≫ <순전(舜典)>에는 "공공(共工)을 유주(幽州)에 귀양 보내고 환도(驩兜)를 숭산(崇山)으로 추방하고 삼묘(三苗)를 삼위(三危)로 쫓아내고 곤(鯀)을 우산(羽山)에서 죽게 했다"라고 해서 이들의 이름이 각각 공공, 환도, 삼묘, 곤 등으로 되어 있다.

태초에는 백성이 아둔해 무지하고 호기로워 거리낌이 없으며 무수한 사람들이 무리를 이루었으니, 누가 임금이며 누가 스승이었겠는가? 날짐승 들짐승과 다른 바가 없었다. 황제(黃帝)[13]가 건곤(乾坤)을 관찰해 법도를 창제하고 의상을 지어 입혀 임금과 신하를 분변하고 상하의 관계를 바로잡으며 귀천의 구분을 밝혔다. 이것으로 말미암아 천자로서 천하를 다스리는 제도가 따라서 드러났다. 황제가 앞에서 그 제도를 창제하고 제요(帝堯)가 뒤에서 받들었다. 그러나 두 천자의 시기 동안 그 제도가 극진하지는 못했다. 황제는 건곤에서 취해 상하를 분변해 개인의 의복 체제를 만들었는데, 요임금에 이르러서도 더하고 보탠 바가 없었다.

우순(虞舜)의 때에 미쳐서 다시 그 형상을 살펴 그 정신을 극진히 다한 후, "다섯 등급의 체제를 바로잡지 않을 수 없다"라고 말했다. 그리하여 관등의 급수를 구분하고 등급의 위의(威儀)를 구별하며 채색의 무늬를 다르게 해 올리고 낮추니, 공(公)으로부터 그 이하는 둘씩 줄여 나갔

---

[13] 황제(黃帝) : 상고 시대 삼황(三皇)의 하나인 헌원씨(軒轅氏)를 말한다.

다. 그런 뒤에 개인의 의복 제도와 다섯 등급의 체제가 분명하게 갖추어져 신하가 임금을 범할 수 없고 아랫사람이 윗사람을 침범할 수 없으며 천한 사람이 귀한 사람을 해할 수 없어 능멸하고 찬탈하는 재앙이 일어나지 않게 되었다. 온 천하가 넓고 군중이 무수할지라도 윗사람은 화목하고 아랫사람은 기뻐해 높은 곳에서 팔짱만 끼고 있어도 다스려질 수 있었다.

그러므로 ≪주역(周易)≫에 이르길 "황제 및 요·순은 옷을 드리우고 있을 뿐인데 천하가 다스려졌다"[14]라 하고, ≪서경(書經)≫ <고요모(皐陶謨)>에 말하길 "하늘이 덕이 있는 이에게 명하니 다섯 가지 의복으로 다섯 등급을 현창했다"라고 한 것이다. 만약 다섯 등급의 체제가 우제[虞帝, 순(舜)]로 인해 갖추어지지 않았다면 ≪주역≫에서 무슨 까닭으로 순임금을 함께 언급했으며, <고요모>가 어찌하여 우서(虞書)에 속해 있겠는가?

어떤 이가 묻기를, "순임금이 30세 때 등용되어 30년 만에 천자의 제위에 오르고 50년이 지난 후 승하해 돌아가

---

14) 황제… 다스려졌다 : ≪주역≫ <계사 하전(繫辭下傳)> 제2장에 보인다.

셨습니다.[15] 그러니 순임금이 시험을 겪고 섭정을 한 30년으로부터 천자의 제위에 있은 50년을 더해 그 80년 동안 사업을 일으키고 법도를 세워 만세의 이로움이 된 것이 많습니다. 그런데 지금 그대는 순임금을 개인의 의복 제도에 바탕해 다섯 등급의 체제를 증가한 것으로만 칭송하니, 무엇 때문입니까? 그것에 관한 설명을 듣기를 원합니다"라고 했다.

대답하길 "훌륭하군요. 그대의 물음이여! 제가 말한 것은 성인(聖人)의 극치입니다. 건(乾)은 임금의 도이며, 곤(坤)은 신하의 도입니다. 위에 윗도리를 입고 아래에 치마를 걸치는 것은 건곤의 형상입니다. 윗도리를 치마에 덧입을 수 있는 것으로 임금이 신하 위에 임할 수 있는 것을 보여 주며, 치마를 윗도리에 덧입을 수 없는 것으로 신하가 임금 위에 올라갈 수 없는 것을 보여 줍니다. 성인이 천자로서 천하를 다스려 오래도록 서로 업신여기지 않은 것이 이것에서 비롯했습니다. 그러므로 순임금이 다섯 등급의 체제를 더해 위로부터 아래에 이르기까지 귀천의 질서

---

15) 순임금이… 돌아가셨습니다 : ≪서경≫ <순전(舜典)>에 그 내용이 보인다.

가 더욱 분명해지고 천자의 지위가 더욱 높아지게 되었으니, 이 점이 바로 순임금이 만세토록 능멸과 침탈이 가져올 끝없는 재앙을 막은 까닭입니다. 후세 사람들이 천만 번 제도를 만들어 내더라도 이보다 나을 수는 없을 것입니다. 그러므로 '제가 말한 것은 성인의 극치입니다'라고 말했습니다"라고 했다.

舜制議

舜旣受命 庸十二相 放四凶也 以帝天下之制 猶有未至者焉 乃窮神極慮 以增以益 夫所謂帝天下之制者 君君臣臣 上下貴賤之序 久久不相瀆者是也 厥初生民 冥焉而無知 浩焉而無防 嶷嶷羣羣 孰君孰師 與鳥獸無別 黃帝觀乾坤 創法度 衣之裳之 以辨君臣 以正上下 以明貴賤 由是 帝天下之制 從而著焉 黃帝創之於前 帝堯奉之於後 然二帝之間 厥制未盡 黃帝取乾坤 分上下 爲一人之服 以至於堯 無所增益 逮乎虞舜 再觀厥象 以盡其神 謂五等之制 不可不正也 於是分其命數 異其等威 殊其采章 以登以降 自公而下 殺之以兩 然後一人之服 五等之制 煥然而備 俾臣無以僭其君 下無以陵其上 賤無以加其貴 僭陵簒奪之禍不作 雖四海之廣 億兆之衆 上穆下熙 可高拱而治 故易曰黃帝堯舜 垂衣裳而天下治 皐陶曰天命有德 五服五章哉 是也 若五等之制 非由虞帝而備 則易何以兼言夫舜 皐陶謨何繫之於虞書耶

或曰 舜以三十登庸 三十在位 五十載陟方乃死 且舜自歷試與居攝三十年 在天子之位又五十年 其八十年間 作事垂法

爲萬世利者 多矣 今子稱舜 止以因一人之服 增五等之制者 何 願聞其說 曰 善乎 子之問也 吾之所言 聖人之極致也 夫乾者君之道 坤者臣之道 衣上而裳下者 乾坤之象也 衣可加之乎裳 示君之可加於臣也 裳之不可加於衣 示臣之不可加於君也 聖人南嚮而治天下 久久不相瀆者 始諸此也 故舜增五等之制 自上而下 俾貴賤之序益明 天子之位益尊 此舜所以杜萬世僭陵簒奪無窮之禍也 雖後世有作十制萬度 無以踰於此矣 故曰 吾之所言者 聖人之極致也

문왕(文王)에 관해 논함

≪춘추좌씨전(春秋左氏傳)≫에 "오나라 공자(公子) 계찰(季札)이 노나라로 와서 빙문(聘問)했다. 주(周)나라 음악을 살펴보기를 청했는데, 음악에 맞추어 퉁소를 잡고 상무를 춤추며 피리를 잡고 남무를 춤추는 것을 보고서 이르길 '아름답구나! 하지만 한스러워하는 것이 있도다'라 했다"16)라고 기록되어 있다. 해설하는 자가 말하길, "감(憾)은 한(恨)의 뜻이다. 문왕이 자기 때에 태평을 이루지 못한 것에 대해 한스러워한 것이다"17)라고 했다. 해설한 이의 생각은 문왕이 당시에 상나라 주(紂)를 멸망시켜 자기 손에 천하를 취할 수 없었으므로 한스러움이 남은 것이라고 이해한 것이다. 나는 그 해설을 매우 의심스럽게 여긴다.

---

16) 오나라… 했다 : ≪춘추좌씨전≫ <양공(襄公) 29년> 조에 보인다.

17) 감(憾)은… 것이다 : 서진(西晉)의 장수이자 학자인 두예(杜預, 222~284)가 지은 ≪춘추좌씨경전집해(春秋左氏經傳集解)≫에 보인다.

삼가 말하건대, 계자의 이 말은 음악을 안 것이 아니니, 성인을 심하게 모함한 것이다. 과연 계자의 말과 같다면, 문왕은 두 마음을 가진 채 임금을 섬겼고 원한을 감추고서 그 틈을 엿보아 재앙의 마음을 품고 있었으니, 임금을 해치는 신하이며 부모를 살해하는 자식이다.

무엇 때문인가? 문왕은 상나라 왕실로부터 봉해져 제후의 반열에 섰으니, 주(紂)가 무도하다고 할지라도 임금인 것이다. 어찌 신하 된 사람으로서 임금을 업신여기는 마음을 가질 수 있겠는가? 하물며 문왕을 서백(西伯)으로 삼아 제후들의 위에 앉히고 활·화살·작은 도끼·큰 도끼 등을 하사해 정벌할 수 있도록 했으니, 주(紂)가 문왕에게도 은덕을 베푼 것이 두터웠다. 문왕은 힘과 재능을 다해 아침 일찍부터 저녁 늦게까지 부지런히 주(紂)를 섬기는 것이 마땅했다. 그런데 어찌 은혜를 저버리고 시혜를 잊은 채 원한으로 은덕을 갚아 기강을 해치고 윤리를 어지럽게 하는 일을 이루려 할 수 있었겠는가? 아! 실정이 반드시 그렇지 않았으리라는 것이 분명하구나.

살펴보건대, 주(紂)가 덕을 잃어 해독이 온 천하에 끼치게 되자 제후들이 모두 배반했지만 문왕은 그를 섬겨 홀로 두 마음을 가지지 않았다. 그러므로 공자가 "천하를 삼등분했을 때 그 둘을 소유하고도 상나라를 복종해 섬겼으니, 주나라의 덕은 지극한 덕이라고 일컬을 만하다"[18]라고 말했다. 또한 이르길 "아랫사람이 윗사람을 섬길 때 백성을 감싸 주는 큰 덕이 있더라도 감히 백성에게 임금 노릇 하려는 마음이 있어서는 안 되니, 이것이 인(仁)의 도타움이다. 백성을 감싸 주는 큰 덕이 있으면서 임금을 섬기는 조심함도 있었던 분은 순(舜)·우(禹)·문왕·주공(周公)을 일컬을 수 있다"[19]라고 했다. 만약 문왕이 한스러워하는 것이 있었다면, 공자가 무슨 까닭으로 '지극한 덕'과 '인의 도타움'이라고 일컬었겠는가?

어떤 이가 말하길 "≪사기(史記)≫ <제태공세가(齊太

---

18) 천하를… 만하다 : ≪논어(論語)≫ <태백(泰伯)>에 보인다. 원문은 다음과 같다. "舜有臣五人而天下治 武王曰 予有亂臣十人 孔子曰 才難 不其然乎 唐虞之際 於斯爲盛 有婦人焉 九人而已 三分天下有其二 以服事殷 周之德 其可謂至德也已矣."

19) 아랫사람이… 있다 : ≪예기(禮記)≫ <표기(表記)>에 보이는 말로, 원문은 다음과 같다. "子曰 下之事上也 雖有庇民之大德 不敢有君民之心 仁之厚也 是故君子恭儉以求役仁 信讓以求役禮 不自尙其事 不自尊其身 儉於位而寡於欲讓於賢 卑己而尊人 小心而畏義 求以事君 得之自是 不得自是 以聽天命 詩云 莫莫葛藟 施于條枚 凱弟君子 求福不回 其舜禹文王周公之謂與 有君民之大德 有事君之小心 詩云 惟此文王 小心翼翼 昭事上帝 聿懷多福 厥德不回 以受方國."

公世家)〉에서 태공의 자취를 서술하고 그 뒤에 다시 '서백(西伯) 창(昌)[20]이 유리(羑里)[21]에서 벗어나 여상(呂尙)과 은밀히 모의해 덕을 닦아 상나라의 정권을 무너뜨렸다. 그 일에서 용병술과 기이한 계략이 많았던 것이 이와 같았도다'라고 했습니다. 이것을 통해 살펴본다면, 계자의 말이 또 어찌 모함한 것이겠습니까?"라고 했다.

대답하길 "이것은 진(秦)나라 때의 분서(焚書) 이후에 죽간(竹簡)의 순서가 잘못 섞였기 때문일 것입니다. 사마자장(司馬子長)[22]이 ≪사기≫를 편찬하면서 태공의 자취를 서술할 적에, 실제에 근거해 좋은 일들을 기록할 수 없었습니다. 그리하여 뒤섞이고 허황한 말들을 여기저기서 취해 특이한 이야기를 널리 채택했을 뿐입니다. 이것은 본래 성인을 의심할 것이 못 됩니다"라고 했다.

아! 예로부터 계찰은 현명하고 박식해 음악을 살펴보

---

[20] 창(昌) : 문왕의 이름으로, 성은 희(姬)다.
[21] 유리(羑里) : 지명이다. 은나라 주(紂)가 문왕을 이곳의 감옥에 가두었다가 미녀, 좋은 말, 진기한 물건을 받고서 풀어 준 일이 있었다.
[22] 사마자장(司馬子長) : 사마천(司馬遷)을 가리킨다. 자장은 그의 자(字)다.

고 즉시 흥성하고 쇠망할 것을 알 수 있었다고 칭송했다. 그런데 이 부분에선 어리석고 미혹한 것이 어찌 이와 같았다고 할 수 있으랴? 두예(杜預)23)와 복건(服虔)24)의 무리

---

23) 두예(杜預) : 자는 원개(元凱)이며, 경조(京兆) 두릉(杜陵) 출신이다. 서진(西晉) 때 이름난 장수이자 학자였다. 278년 진남대장군(鎭南大將軍)에 제수된 후 여러 전투에서 전공이 높아 당양현(當陽縣) 제후에 칙봉되었다. 박학하고 계략이 많아 사람들이 '두무고(杜武庫)'라 불렀으며, 전쟁이 없을 때엔 경학을 연구했는데, 특히 ≪춘추≫에 뛰어났다. 자칭 '좌전벽(左傳癖)'이라 했으며, 그가 저술한 ≪춘추좌씨경전집해(春秋左氏經傳集解)≫는 후세에 통행하는 ≪좌전≫의 주본(注本)이 되었고, 십삼경주소에 편입되었다. 그 외 저술로 ≪춘추석례(春秋釋例)≫·≪춘추장력(春秋長歷)≫ 등이 있다.

24) 복건(服虔) : 초명은 중(重) 또는 지(祇)다. 자는 자신(子愼)이며, 하남성(河南省) 형양(滎陽) 출신이다. 후한 때 학자로, 태학에 들어가 공부했다. 효성과 청렴한 행실로 천거되어 구강태수(九江太守)를 지냈다. 고문(古文) 경학을 숭상해 금문(今文) 경학가인 하휴(何休)의 설을 비판했다. 저술로 ≪춘추좌씨전해(春秋左氏傳解)≫가 있는데, 동진(東晉) 때 그의 춘추좌씨학이 학관에 개설되었으며, 남북조 시대에는 그의 주석이 북방에 성행했다. 그러나 공영달(孔穎達)이 ≪춘추정의(春秋正義)≫를 저술할 때 ≪춘추좌씨전≫은 두예의 주석만 채용함으로써 그의 주석은 없어지고 말았다. 옥함산방집일서(玉函山房輯佚書)에 ≪춘추좌씨전해의(春秋左氏傳解誼)≫, ≪춘추성장설(春秋成長說)≫, ≪춘추좌씨고맹석아(春秋左氏膏盲釋痾)≫ 등의 저술이 수록되어 있다. ≪황청경해속편(皇淸經解續編)≫에도 이이덕(李貽德)이 편찬한 ≪춘추좌전가복주집술(春秋左傳賈服注輯述)≫에 그의 설이 수

에 이르러서도 탁월한 식견으로 밝혀낸 것이 없었으니, 이들은 오류가 더욱 심한 자들이다.

文王論

春秋左氏傳 吳公子季札來聘 請觀於周樂 見舞象箾南籥者 曰美哉 猶有憾 說者曰憾 恨也 文王恨不及己致太平 意以爲文王不能夷商紂於當時 取天下於己手 有遺憾焉 愚甚惑焉

竊謂季子之是言也 非知樂者也 厚誣於聖人矣 若果如是季子之言也 則是文王懷二心以事上 匿怨以伺其間 包藏禍心 乃亂臣賊子矣 何者 文王受封商室 列爲諸侯 紂雖無道 君也 安得爲人之臣而有無君之心哉 矧以文王爲西伯 位於諸侯之上 賜之弓矢鈇鉞 使得征伐 紂之有德於文王也 厚矣 文王宜乎竭力盡能 夙夜匪懈 以事於紂也 又豈可背惠忘施 以怨報德 將成干紀亂常之事哉 噫 事必不然章章矣

觀乎紂旣失德 毒流四海 諸侯咸叛 而文王事之 獨無二心 故孔子曰 三分天下 有其二 以服事商 周之德 其可謂至德也已矣 又曰下之事上也 雖有庇民之大德 不敢有君民之心 仁之厚也 有庇民之大德 有事君之小心 其舜禹文王周公之謂歟 文王猶有憾也 則夫子何以謂之至德與仁厚者乎

록되어 있다.

或曰 史記齊世家 叙太公之迹 其後亦言西伯昌之脫羑里 與呂尙陰謀脩德 以傾商政 其事多兵權與奇計 若文王果無憾也 則何得與太公陰謀脩德 以傾商政 其事多兵權奇計之如是哉 由是觀之 季子之言 又何誣也

曰 此蓋秦火之後 簡編錯亂 司馬子長脩史記 叙太公之迹也 不能實錄善事 乃散取雜亂不經之說 以廣其異聞爾 斯固不足疑於聖人也 嗚呼 古稱季札賢明博達 觀樂卽能知興衰 而於此也 何蒙暗頓惑之若是耶 逮乎杜預服虔之徒 復無卓識絶見 以發明之 斯又乖謬之甚者也

사호(四皓)에 대해 논변함

　네 선생[25]은 유자(儒者)였다. 주나라의 멸망을 슬퍼하고 진나라의 난리를 미워해 학정의 불길로부터 벗어나 상산(商山)에 깊이 은거했으니, 자신을 깨끗이 하고 인간의 도리를 문란하도록 하려는 것이 아니었다. 도(道)가 있으면 자신을 드러내고 도가 없으면 숨는 자들이었다.

　무슨 근거로 그러한 점을 알 수 있는가? 왕위를 전하고 적자를 세우는 일은 주나라의 도(道)였다. 나라를 다스리는 대사 가운데 왕위를 전하는 것보다 큰 일이 없으며, 왕위를 전하는 대사는 적자를 세우는 것보다 중대한 일이 없으니, 바르게 하지 않을 수 없다. 만약 한번 그 바름을 잃는다면, 나라가 멸망하거나 왕위를 빼앗기는 재앙이 뒤따른다. 진씨(秦氏)가 횡포를 부려 여러 성인의 전적을 태워

---

25) 네 선생 : 사호(四皓)를 가리킨다. 사호는 중국 진(秦)나라 말기에 난리를 피해 상산(商山)에 은거한 동원공(東園公), 하황공(夏黃公), 녹리선생(甪里先生), 기리계(綺里季)를 말한다. 이들이 모두 눈썹과 머리카락이 희었기 때문에 '사호'라고 일컬어졌으며, 상산에 은거했으므로 '상산사호'라고도 불리었다.

없앤 뒤로 주나라의 도가 끊어졌다. 그런데 끊어졌다가 다시 전한 것은 네 선생이었다.

예전에 한고조(高祖)가 검 한 자루를 차고서 천하를 돌아다녀 평민에서 천자의 지위에까지 이르게 되었으니, 참된 임금[眞主]이라 일컬을 만하다. 재앙과 난리가 평정되자 즐기려는 욕심이 일어나 안으로는 총애하는 이들의 홀림이 있었고 밖으로는 적자를 폐위하려는 논의가 있었다. 여러 신하는 술렁거리기만 할 뿐 어느 누구도 만류할 수 없었다. 네 선생은 이러한 때를 기회로 삼아 그 도를 행하려 했다. 그래서 자방(子房)26)에 의해 세상으로 나왔으며

---

26) 자방(子房) : 장양(張良, ?~BC 186)을 가리킨다. 전한의 개국 공신으로, 패군(沛郡) 성보(城父) 출신이다. 자가 자방이며, 시호는 문성(文成)이다. 할아버지와 아버지가 연이어 한(韓)나라의 재상을 지냈다. 진(秦)나라가 한나라를 멸망시키자 자객을 시켜 박랑사(博浪沙)에서 진시황을 암살하려 했지만 실패했다. 그 후 성명을 고치고 하비(下邳) 땅으로 달아나 살았는데, 흙다리 위에서 황석공(黃石公)이란 노인을 만나 태공망(太公望)의 병서(兵書)인 ≪태공병법(太公兵法)≫을 전수받았다고 한다. 진(秦) 이세(二世) 원년(BC 209) 무리를 모아 진승(陳勝)의 반란에 호응했다. 나중에 유방(劉邦)의 모신(謀臣)이 되었다. 유방이 군대를 이끌고 함양(咸陽)에 진군했을 때 번쾌(樊噲)와 함께 유방에게 궁실의 부고(府庫)를 봉하고 패상(覇上)으로 철군할 것을 권했다. 홍문연(鴻門宴)에서 기지를 발휘해 유방을 위기에서 구해 냈다. 초

한마디 말을 토해 태자의 지위를 바로잡았으니,27) 주나라 도가 끊어졌다가 네 선생이 다시 전한 것이 아니겠는가?

그러나 네 선생이 세상으로 나온 까닭이 어찌 한나라만 위해 나온 것이겠는가? 만세(萬世)를 위해 나온 것이었다. 한고조가 전쟁을 일으킨 시기에는 평소 유자를 기뻐하지 않았으니, 네 선생이 욕을 당할까 두려웠다. 그러므로 발길을 돌려 떠나가 암석의 아래에서 생을 마쳤다.

아, 지금에 이르기까지 천여 년 동안 어느 누구도 그들의 감춰진 덕과 숨겨진 빛을 알 수 있는 사람이 없었다. 예

한(楚漢) 전쟁 때 여섯 나라가 공존할 수 없음을 제시해 영포(英布) 및 팽월(彭越)과 연대하고 한신(韓信)을 등용하는 등의 계책을 올렸다. 또 항우(項羽)를 공격해 완전히 궤멸시킬 것을 건의했는데, 모두 유방에게 채택됐다. 고조(高祖) 6년 유후(留侯)에 봉해졌다. 뜻을 이룬 뒤 속세를 벗어나 벽곡(辟穀)을 해서 신선술을 익히며 여생을 보냈다고 전한다.

27) 자방(子房)에… 바로잡았으니 : 한고조가 태자를 폐위하고 척 부인(戚夫人)의 소생인 조왕(趙王) 유여의(劉如意)를 세우려 하자, 장양(張良)이 계책을 내어 고조가 평소 존경한 상산사호를 불러들이기로 했다. 그리하여 폐백과 예를 갖추고 상산사호를 초빙한 다음 고조가 연회를 베푸는 자리에서 그들로 하여금 태자를 시위(侍衛)하게 했다. 고조가 그들이 상산사호임을 알고는 매우 놀라 태자를 폐위하려던 생각을 바꾸었다.

전에 백이(伯夷)와 숙제(叔齊)는 무왕(武王)에게 간하다가 받아들여지지 않자 먹지 않고 죽었다. 공자(孔子)가 그들을 칭송하지 않았다면 서산(西山)에서 굶주려 죽은 필부였으리니, 후세에 누가 그들을 칭송했겠는가? 사마천(司馬遷)과 반고(班固)28)가 널리 그들의 훌륭한 점을 채집해 그 빛을 발산하고 네 선생을 위해 전기를 지어 무궁한 데에까지 전할 수 없었으니, 이것은 그들의 잘못이다.

아, 만세 후에 신하가 감히 임금을 해칠 수 없게 된 것은 백이와 숙제 때문이며, 만세의 뒤에 서자(庶子)가 감히 적자를 어지럽힐 수 없게 된 것은 네 선생 덕분이다.

辨四皓

四先生 儒也 哀周之亡 疾秦之亂 脫身乎虐焰 沈冥乎商山 非欲潔其身而亂大倫者也 蓋有道則見 無道則隱者也 曷以知其然哉 夫傳嗣立嫡 周道也 爲國之大者 莫大於傳嗣 傳嗣之大 莫大於立嫡 不可不正也 苟一失其正 則覆亡簒奪之禍隨之 自秦氏肆虐 燔滅羣聖之典 周道絶矣 絶而復傳之者 四先生也

---

28) 사마천(司馬遷)과 반고(班固) : 사마천은 ≪사기(史記)≫를 지었고 반고는 ≪한서(漢書)≫를 편찬했다.

昔漢祖攜一劍 行四海 由布衣取天子位 斯可謂眞主也 及夫禍亂旣定 嗜慾旣起 內有嬖寵之惑 外有廢嫡之議 羣臣洶洶莫之能止 四先生將因是時以行其道 故從子房而出 吐一言以正太子之位 非周道絶而四先生復傳之者乎 然四先生之出 豈止爲漢而出哉 爲萬世而出也 漢祖起干戈中 素不喜儒 四先生懼其辱也 故旋踵而去 終於岩石之下

嗟乎 逮今千餘祀 人未有能知其潛德隱耀者 昔伯夷叔齊諫武王 不食而死 非孔子稱之 則西山之餓夫也 後世孰稱之哉 司馬遷班固不能博采厥善 發舒其光 爲四先生立傳 垂於無窮 斯其過矣 噫 萬世之下 使臣不敢戕其君者 夷齊是也 萬世之下 使庶不敢亂其嫡者 四先生是也

동중서29)론(董仲舒論)

　공자(孔子) 이래로 서한(西漢)에 이르는 동안 세상에서 대유(大儒)라고 일컬은 자들은 간혹 맹가(孟軻)30) 씨, 순경(荀卿)31) 씨, 양웅(揚雄) 씨를 말할 따름이다. 훌륭한 말을 세우고 모범을 드리웠으며, 도를 밝히고 시대의 병폐를 구제했으며, 공로가 많고 덕이 컸기 때문이었다. 동중

---

29) 동중서(董仲舒, BC 179~BC 104) : 전한 때 경학가로 경제(景帝) 때 박사가 되었으며, 무제(武帝) 때에는 강도상(江都相) · 교서상(膠西相) 등을 역임했다. 유학을 존중하고 백가 사상을 물리칠 것을 주장했다. 춘추공양학의 대표적 인물이며, 저술로 ≪춘추번로(春秋繁露)≫ · ≪춘추결옥(春秋決獄)≫ 등이 있다.

30) 맹가(孟軻, BC 372~BC 289) : 자는 자여(子輿)이며, 노나라 추현(鄒縣) 출신이다. 공자(孔子)의 손자인 자사(子思)의 학문을 계승했으며, 제후들에게 왕도(王道)와 인정(仁政)을 설파했다. 저술로 ≪맹자(孟子)≫가 있는데, 그의 만년에 제자 만장(萬章) · 공손추(公孫丑) 등과 함께 편찬했다는 설이 유력하다.

31) 순경(荀卿) : 순황(荀況, BC 313?~BC 238?)을 말한다. 이름은 황(況)이며, 자가 경(卿)이다. 전국 시대 말기의 조나라 출신이다. 학술적으로는 공자의 사상을 계승한 것으로 자부했으며, 성악설(性惡說)을 주장했다. 저술로 ≪순자(荀子)≫가 있다.

서에 이르러선 소홀히 여겨 거론하지 않으니, 이것은 지혜에 지극하지 못한 점이 있고 앎에 면밀하지 못한 부분이 있는 것이 아니겠는가?

무엇 때문인가? 예전에 진(秦)나라가 여러 성인의 말씀을 없애 천하 사람을 어리석게 만들고자 했으니, 하늘이 거울을 빼앗아 한(漢)나라에게 주었다. 그러므로 효무제(孝武帝)32)의 세대에 동중서를 태어나게 했다. 당시에 큰 가르침은 무너져 없어지고 학자들은 엉성해 큰 단서를 밝히는 자가 아무도 없었다. 동중서가 성대하게 떨쳐 일어나 맨 먼저 성인의 도의 근본을 드러내어 효무제의 귀와 눈을 새롭게 할 수 있었다. 위로 요(堯)·순(舜) 이제(二帝)부터 아래로 하(夏)·은(殷)·주(周) 삼대(三代)에 이르기까지 그 교화의 기틀과 통치의 도구가 모두 마음에 터득되고 서책에 기록되어 끊어졌던 제왕의 다스림을 잇고 막혀 있던 왕도(王道)를 열려고 했다. 그리하여 그는 대책(對策)을 올려 공씨(孔氏)를 미루어 밝히고 백가(百家)를 억눌러 쫓아냈다. 육예(六藝)의 과목과 공자의 학술에 해

---

32) 효무제(孝武帝) : 한나라 무제(武帝) 유철(劉徹, 재위 BC 141~BC 87)을 가리킨다.

당하지 않는 모든 것은 전부 그 도를 끊어 함께 나아오지 못하게 하고 그릇된 학설을 종식시켰으니, 성인의 도에 마음을 다한 사람이라고 말할 만하다.

아, 난폭한 진나라 이후에 성인의 도가 어두워졌다. 어두웠다가 다시 밝아진 것은 동중서의 힘이었다. 저들 맹가와 순경은 전국(戰國)의 시기를 당해 제자백가가 어지러이 떠들어 댔지만 성인이 살던 때로부터 오래지 않아 선왕의 경전이 모두 남아 있었다. 양웅은 신실(新室)33)의 시대에 처해 큰 재앙을 두려워했지만 한나라가 천하를 소유한 지 오래되어 전례(典禮)를 강구한 것이 또한 갖추어졌다고 한다. 그러므로 은미한 말과 큰 법도가 듣고 보는 데에 성대해 드러내어 행하고 펼쳐서 가르침으로 삼은 것이 이와 같이 쉬웠다.

동중서와 같은 경우는 분서갱유(焚書坑儒)를 겪은 뒤였으므로, 경전이 파괴되었고 은미한 말과 큰 법도가 듣고 보는 데에 드물었다. 더듬어 찾아내고 엮어서 설을 만드는 것이 어려웠지 않겠는가? 하물며 난폭한 진나라의 재

---

33) 신실(新室) : 전한(前漢) 때 왕망(王莽)이 세운 신(新)나라의 왕실(王室)을 말한다.

앙이 전국의 어지러움과 신(新)나라의 두려움보다 심함에랴? 그러나 네 사람의 도가 동일했다. 처지가 바뀌었다면 모두 그러했으리라.

어리석은 나는 세상의 학자들 가운데 동중서의 훌륭함을 아는 자가 드문 것을 문제점으로 여겼다. 또한 반맹견(班孟堅)34)이 동중서의 찬(贊)을 지으면서 "유향(劉向)이 '동중서는 제왕을 보좌할 만한 재능이 있었으니, 이윤(伊尹)과 여망(呂望)도 그보다 낫지 않다. 관중(管仲)과 안영(晏嬰)의 무리는 패자를 보좌했으니, 그에게 미치지 못할 것이다'라고 칭찬했다. 유향의 아들 유흠(劉歆)에 이르러 '연원을 계승한 것은 자유(子游)와 자하(子夏)에 미치지 못할 것이다. 관중과 안영이 그에게 미치지 못하고 이윤과 여망이 그보다 낫지 않다고 말씀하신 것은 지나치다'라 했다"라고 말한 것을 언급한 일35)에 대해 나는 불만을 느꼈다.

---

34) 반맹견(班孟堅) : 중국 후한(後漢) 초의 역사가 반고(班固, 32~92)를 가리킨다. 맹견은 그의 자이며, ≪한서(漢書)≫를 편찬했다.
35) 반맹견이… 언급한 일 : ≪한서≫ 권56, <동중서전(董仲舒傳)>에 보인다.

어리석은 나는 말하건대, 유흠이 동중서가 성대한 덕을 가진 선각자였으므로 자기가 미치지 못하는 점을 돌아보고 미워해 헐뜯은 것이다. 그러므로 자기 아버지의 말씀도 지나치다고 했다. 그리고 동중서는 공씨(孔氏)의 문하에 그 공로가 깊다. 그의 도를 살펴보자면, 자유와 자하보다 훨씬 더 뛰어나다.

효무제에게 대책(對策)을 올려 왕도의 단서 및 덕에 맡기고 형벌에 맡기지 않는다는 설을 크게 밝힌 점은 이윤과 여망일지라도 무엇을 더 보태겠는가? 대개 쓰임과 쓰이지 않음의 차이일 뿐이다. 만약 효무제가 그의 말을 모두 존중해서 결단해 채택할 수 있었다면, 한씨(漢氏)의 덕은 삼대의 융성함에 견주었을 것이다. 그 뒤에 효무제가 어찌 신선(神仙)의 일에 미혹되고 정벌의 피폐에 곤궁해지는 일이 있었겠는가?

동중서가 쓰이지 못한 것은 효무제의 잘못이 아니라, 평진(平津)36)의 죄다. 평진이 그의 재능을 해롭게 여겨 쫓

---

36) 평진(平津) : 중국 전한 때의 재상 공손홍(公孫弘, BC 200~BC 121)을 가리킨다. 한 무제 원삭 연간(元朔年間)에 승상이 되고 평진후(平津侯)에 봉해졌다. 역사상 최초의 승상봉후(丞相封侯)였다.

아내었다. 동중서는 교만한 왕을 두 번 섬겼는데,37) 재능을 펼칠 수 없었으며 얼마 뒤 물러나 집에서 죽었다. 아, 애석하도다.

반맹견이 ≪한서≫를 편찬할 때 유흠의 근거 없는 논의를 배척하지 못하고 미혹되어 적어 놓았으니, 판단을 잘못했다.

董仲舒論

孔子而下 至西漢間 世稱大儒者 或曰孟軻氏 荀卿氏 揚雄氏而已 以其立言垂範 明道救時 功豐德鉅也 至於董仲舒 則忽而不擧 此非明有所未至 識有所未周乎 何哉 昔者秦滅羣聖之言 欲愚四海也 蓋天奪之鑑 以授於漢 故生仲舒於孝武之世焉 於時大敎頹缺 學者疏灕 莫明大端 仲舒煜然奮起 首能發聖道之本根 新孝武之耳目 上自二帝 下迄三代 其化基治具 咸得之於心 而筆之於書 將以緝乾綱之絶紐 闢王道之梗塗矣 故其對策推明孔氏 抑黜百家 凡諸不在六藝之科 孔子之術者 皆絶其道 勿使並進 息滅邪說 斯可謂盡心於聖人之道者也

---

37) 교만한 왕을 두 번 섬겼는데 : <동중서전>에 따르면, 동중서는 제후국 두 곳에서 재상을 지냈으며, 그때마다 교만한 왕을 섬겨야 했다고 한다.

噫 暴秦之後 聖人之道晦矣 晦而復明者 仲舒之力也 彼孟軻荀卿 當戰國之際 雖則諸子紛亂 然去聖未遠 先王之典經盡在 揚雄處新室之間 雖則大禍是懼 然漢有天下滋久 講求典禮 抑亦云備 故其微言大法 盛於聞見 揭而行之 張以爲教 易爾 若仲舒 燔滅之餘 典經已壞 其微言大法 希於聞見 探而索之 駕以爲說 不其難哉 況乎暴秦之禍 甚於戰國之亂 與新室之懼耶 然四子之道一也 使易地而處則皆然矣

愚嘗病世之學者 鮮克知仲舒之懿 又病班孟堅作仲舒之贊 言劉向稱仲舒有王佐之材 伊呂無以加 管晏之屬 伯者之佐 殆不及也 至向子歆以爲淵源所漸 未及乎游夏 而曰管晏不及 伊呂之不加 過矣

愚謂歆以仲舒盛德先覺 顧已弗及 疾而詆之者也 故雖其父言亦以爲過 且仲舒於孔氏之門 其功深矣 觀其道也 出於游夏遠矣 對孝武大明王道之端 與夫任德不任刑之說 雖伊呂又何加焉 蓋用與不用耳 使孝武能盡師其言 決而用之 則漢氏之德比隆三代矣 厥後曷有惑於神仙之事 困於征伐之獘哉 仲舒不用 非孝武之過 平津之罪也 平津嘗害其能而逐之 兩事驕主 才弗克施 旣而退死於家 吁 可惜也 孟堅筆削之際 不能斥劉歆之浮論 惑而書之 失於斷矣

양자(揚子)에 대해 변론함

 천고의 제유가 모두 양자운(揚子雲)38)이 ≪태현경(太玄經)≫을 지어 ≪주역≫에 견주었다고 칭송했다. 지금 양자운의 책을 고찰하고 양자운의 뜻을 살펴보면 ≪주역≫에 견주어 지은 것이 아니라는 사실을 알게 되니, 왕망(王莽)을 미워해서 저술한 것이다. 무엇 때문인가? 예전에 애제(哀帝)와 평제(平帝)가 법도를 잃자 역적 왕망이 윤리를 어지럽히고 재앙을 일으킬 마음을 품고서 신기[神器 : 정권]를 훔쳐 마음대로 휘두르며 하늘을 어기고 사람을 거역한 일이 이때보다 심한 경우가 없었다. 화덕[火德 : 한나라의 국운]이 곤궁한 상태에 처했지만 천명(天命)은 아직 바뀌지 않았다. 이런 까닭으로 백성의 마음은 한나라를 받

---

38) 양자운(揚子雲) : 양웅(揚雄, BC 53~AD 18)을 말하며, 자운은 그의 자다. 전한 때 경학가로, 사천성 성도(成都) 출신이다. 엄평군(嚴平君)에게 배웠으며, 양장(楊莊)의 추천으로 성제(成帝)에게 발탁되어 황문랑(黃門郎)을 지냈다. 젊어서는 문학으로 이름이 났으나, 중년 이후로는 경학 연구에 잠심했다. 저술로 ≪태현경(太玄經)≫·≪법언(法言)≫이 있다.

들고 있었다. 당시 천명을 알지 못하는 자들은 다투어 상서로운 조짐을 말하며 왕망의 공덕을 칭송해 그의 죄악을 이루게 하고 구차히 부귀를 취했다. 유흠(劉歆)과 견풍(甄豊)의 무리가 모두 상공(上公)의 지위에 올랐지만, 오직 양자운만 왕망의 명을 따르는 것을 부끄럽게 여기고 성왕(聖王)의 법도를 스스로 지켰다. 그러므로 그의 지위는 한낱 대부에 불과했을 뿐이다. 양자운은 왕망의 반역을 미워할 수 있었고 또 후세 사람들이 왕망의 자취를 답습해 다시 제왕에게 죄악을 저지를까 두려웠다. 그리하여 위로는 천시(天時)의 운행이 빨라지거나 느려지고 길어지거나 짧아지는 이치를 헤아리며, 아래로는 인사(人事)의 나아가고 물러나며 보존되고 망하며 성공하고 실패하는 이유를 생각해, ≪태현경≫을 지었다.

3방(方)·9주(州)·27가(家)·81부(部)가 있는 것은 3공(公)·9경(卿)·27대부(大夫)·81원사(元士)의 형상이다. 원(元)은 제왕의 형상이다. 총괄해서 정리한다면, 우수(牛宿)의 1도(度)에서 시작해 두수(斗宿)의 22도(度)에서 끝나며, 81수(首)·729찬(贊)·26244책(策)을 이룬다. 하늘과 사람이 시작하고 끝나며 따르고 거역하는 이치 및 제왕과 신하가 위계질서를 가지며 나아가고 물러나는 분수에서 따르는 자는 길하고 거역하는 자는 흉하다는 것을 크게 밝혀 하늘을 어기고 사람을 거역하는 이들과 제왕을 해치고 나라를 훔치는 무리를 경계했으니, 이것이 바로 양자운의 원래 뜻이다. 누가 ≪주역≫을 표준으로 삼아 지었다고 말하는가?

제유가 모두 ≪태현경≫이 ≪주역≫을 표준으로 삼았다고 일컫는 까닭은 ≪역위(易緯)≫에 의거해 말한 것이다. 괘가 중부(中孚)·진(震)·이(離)·태(兌)·감(坎) 등에서 시작해 사방에 배합하며, 팔괘가 6일(日)·7분(分)을 위주로 1년 365.4일을 주행하므로, 이것에 근거해 말했다. 그러나 ≪역위≫는 음양가(陰陽家)의 학설이지 성인(聖人)의 격언이 아니라는 점을 매우 알지 못했다. 만약 이것에 근거해 ≪주역≫이라고 한다면, ≪주역≫의 도가 흐려진다. 그리고 ≪태현경≫에서 ≪주역≫과 관련한 점은 사지(四肢) 중에서 한 부분과 같으니, 어찌 ≪주역≫에 견주었다고 말할 수 있겠는가? 이런 말은 환담(桓譚)이 ≪태현경≫에 대해 "이 책은 ≪주역≫과 비견된다"라고 평가한 것, 반고(班固)가 "양웅은 경서 중에 ≪주역≫보다 위대한 것이 없다고 생각했다. 그러므로 ≪태원경(太元經)≫을 지었다"라고 한 것에 근거한다. 자운이 분수에 넘치게 ≪주역≫의 이름으로 천고에 일컬어지게 한다면, 이는 자운을 알지 못하는 것이다.

辨揚子

千古諸儒 咸稱子雲作太玄以準易 今考子雲之書 觀子雲之意 因見非準易而作也 蓋疾莽而作也 何哉 昔者哀平失道 賊莽亂常 包藏禍心 竊弄神器 違天拂人 莫甚於此 雖火德中否 而天命未改 是以元元之心猶戴於漢 是時不知天命者 爭言符瑞 稱莽功德 以濟其惡 以苟富貴 若劉歆甄豐之徒 皆位至上公 獨子雲恥從莽命 以聖王之道自守 故其位不過一大夫而已 子雲既能疾莽之篡逆 又懼來者蹈莽之跡 復肆惡於人上 乃上酌天時行運盈縮消長之數 下推人事進退存亡成敗之端 以作太玄 有三方九州二十七家八十一部者 三公九卿二十七大夫八十一元士之象也 元君象也 總而治之 起於牛宿之一度 終於斗宿之二十二度 而成八十一首七百二十九贊二萬六千二百四十四策 大明天人終始順逆之理 君臣上下去就之分 順之者吉 逆之者凶 以戒違天拂人與弑君盜國之輩 此子雲之本意也 孰謂準易而作哉 諸儒咸稱太玄準易者 蓋以易緯言 卦起於中孚 震離兌坎 配於四方 其八卦各主六日七分 以周一歲三百六十五日四分日之一 執此而言之也 殊不知易緯者 陰陽家說 非聖人格言 若執此以爲易 則易之道泥矣 且太玄之爲易猶四體之一支也 何以謂之準易者乎 斯言蓋根於桓譚論太玄曰 是書也與大易準 班固謂 雄以經莫大於易 故作太元 使子雲被僭大易之名於千古 是不知子雲者也

한 원제(元帝)의 찬(贊) 뒤에 씀

 유자(儒者)는 세상을 다스리고 풍속을 이끌어 교화의 큰 근본을 펼치는 사람이다. 한 선제(宣帝)는 제왕의 원대한 통치술을 알지 못했다. 그러므로 유자를 하찮게 생각해 "속된 유자가 옛것을 옳게 여기고 지금을 잘못되었다고 여기길 좋아해서 사람들이 명분과 실재를 혼동해 지킬 바를 알지 못하게 하니, 어찌 정사를 맡길 만하겠는가?"라고 했다. 원제(元帝)가 즉위하자 한갓 유자를 좋아한다는 명성만 있었을 뿐, 더 이상 유자를 등용한 실재는 없었다. 겉으로는 공우(貢禹)[39] · 설광덕(薛廣德)[40] · 위

---

[39] 공우(貢禹, BC 124~BC 44) : 전한 때 금문 경학가로, 동중서(董仲舒)의 제자 영공(嬴公)에게 ≪춘추공양전≫을 배웠으며, 나중에는 영공(嬴公)의 제자인 휴맹(眭孟)을 사사했다. 선제 때 박사가 되었으며, 원제(元帝) 때에는 벼슬이 어사대부(御史大夫)에 이르렀다. 공우가 ≪춘추공양전≫에 관해 해석한 학설을 청대 왕인준(王仁俊)이 정리해 ≪춘추공양공씨의(春秋公羊貢氏義)≫로 편찬했다. 이 책은 ≪옥함산방집일서≫ 속편에 수록되어 있다.

[40] 설광덕(薛廣德, ?~?) : 전한 때 경학가로, 대승(戴勝) · 대사(戴舍) 등에게 노시(魯詩)를 가르쳤다. 선제 때 박사가 되어 어사대부를 지

현성(韋玄成)41)·주운(朱雲)42)을 재상으로 삼았다. 그러나 안으로는 홍공(弘恭)43)과 석현(石顯)44)을 심복으로 삼았으니, 재상은 자리만 채우고 있었을 뿐이다. 홍공과 석현이 소망지(蕭望之)와 경방(京房)을 살해한 뒤로는 신하들이 위축되고 기운이 꺾여 권세를 두려워하고 죽임을 무서워해 조정의 잘못과 형벌 시행의 남용을 목격하더라

냈다.

41) 위현성(韋玄成, ?~BC 36) : 전한 때 경학가로, 위현(韋賢)의 막내 아들이다. 아버지의 벼슬을 세습해 하남태위(河南太尉)를 지냈다. 선제의 명을 받아 학자들과 함께 석거각(石渠閣)에서 오경(五經)의 동이(同異)에 대해 토론했다. 원제 때 아버지의 뒤를 이어 승상이 되었다.

42) 주운(朱雲, ?~?) : 전한 때 경학가로, 원제 때 박사를 지냈다. 백우자(白友子)에게 ≪주역≫을, 소망지(蕭望之)에게 ≪논어≫를 배웠다. 이름난 제자로 박사가 된 엄망(嚴望)과 엄원(嚴元)이 있다.

43) 홍공(弘恭) : 전한 때 인물로, 어린 시절 죄에 연좌되어 부형(腐刑)을 당하고 환관이 되었다. 선제 때 중서령(中書令)에 발탁되었으며, 원제를 옹립해 석현(石顯)과 함께 신임을 얻어 정권을 농단했다. 소망지(蕭望之) 등을 모함해 죽였다.

44) 석현(石顯) : 전한 때 환관으로, 원제가 즉위하자 홍공(弘恭)을 대신해 중서령이 되었다. 원제가 병이 들자 모든 정사를 마음대로 결정했으며, 성제(成帝)가 즉위하자 실각해 고향으로 돌아가던 길에 병사했다.

도 당시에 더는 감히 항변하는 사람이 없었다. 원제는 아득히 깨닫지 못해 더욱 홍공과 석현을 믿었다. 이런 까닭으로 간사한 이들이 날마다 나아오고 기강이 날마다 어지러워졌으며, 풍속이 날마다 무너지고 재해와 이상 기후가 날마다 일어났다. 선제의 제업이 이로부터 쇠퇴했다. 그런데 반고(班固)는 "상이 젊을 적에 유자를 좋아해 즉위하자 유생을 등용하고 정사를 맡겼다. 그러므로 공설의 무리가 번갈아 재상이 되었다. 하지만 상이 문의(文義)에 얽매여 우유부단했으므로, 선제의 제업이 쇠퇴했다"라고 일컬었다.

아, 반고가 '글의 뜻에 얽매인다'고 말한 것은 유자의 문의(文義)가 아닌가? 이전에 선제가 원제에게 노해 "유생을 등용해 자기 나라를 어지럽힐 자다"라고 말한 적이 있었다. 반고가 이 말을 생각하지 못한 것이 심하구나. 만약 원제가 소망지·유경생(劉更生)·경방·가연지(賈捐之) 등의 모의를 받아들여 간사한 이들을 물리치고 노성한 이들을 등용해 그들과 통치 방법을 강구해 천하로 마음을 삼았다면, 나라의 체통과 조종의 업적이 무궁한 데에까지 전해질 수 있었을 것이다. 어찌 쇠퇴해 멸망하는 일이 있었겠는가? 반고가 역사서를 편찬해 선악을 논정할 때 "상이 즉위해 유생을 등용했으나 정사를 맡길 수 없었고 간사한 이들에게 이끌려 우유부단했으니, 선제의 제업이 쇠퇴하게 되었다"라고 어찌 기록하지 않았는가? 이와 같았다면 칭송과 폄하가 적절함을 얻었으리라. 나는 후세에 체통을 계승하고 문의를 지킬 임금들이 반고의 찬(贊)을 읽고서 '예로부터 유생은 등용할 만하지 못했다'라고 생각해 간사한 이들에게 정사를 맡겨 쇠퇴와 변란을 초래한다면 재앙이 적지 않을 것이라고 크게 두려워한다.

書漢元帝贊後

儒者長世御俗 宣教化之大本也 宣帝不識帝王遠畧 故鄙之曰俗儒好是古非今 使人眩於名實 不知所守 何足委任 及夫元帝即位 徒有好儒之名 復無用儒之實 雖外以貢薛韋朱爲宰相 而内以弘恭石顯爲腹心 其宰相但備位而已 自恭顯殺蕭望之京房之後 羣臣側足喪氣 畏權懼誅 雖睹朝廷之失 刑政之濫 莫復敢有抗言於時者 元帝昏然不寤 益信恭顯 是以姦邪日進 紀綱日亂 風俗日壞 災異日見 孝宣之業 職此衰矣 而史固稱上少而好儒 及即位登用儒生 委之以政 故貢薛之徒 迭爲宰相 而上牽制文義 優游不斷 孝宣之業衰焉 噫史固所謂牽文義者 非儒者之文義乎 昔宣帝嘗怒元帝 言用儒生亂其家者也 此史固不思之甚矣 向使元帝能納蕭望之劉更生京房賈捐之之謀 退去憸人 進用碩老 與之講求治道 以天下爲心 則邦家之體 祖宗之烈 可垂於無窮矣 安有衰滅者哉 史固筆削論定善惡之際 何不書上即位 登用儒生 不能委之政 牽制佞倖 優游不斷 孝宣之業衰焉 如是則襃貶得其

中矣 吾大懼後世繼體守文之君 覽史固之贊 以爲自昔儒生之不足爲用也 而委任佞倖 以致衰亂 禍不淺矣

가의(賈誼)의 전(傳) 뒤에 씀

≪한서(漢書)≫를 읽은 사람은 문제(文帝)를 탓하고 가의(賈誼)⁴⁵⁾를 위대하다고 여기지 않는 이가 없다. 나는 가의가 선실(宣室)에서 귀신의 일로써 대답한 것을 살펴보니, 한(漢)대에 신괴(神怪)한 일을 말하는 이가 많은 까닭은 가의가 앞에서 열었고 공손경(公孫卿)의 무리가 뒤에서 심화시켰기 때문이라고 삼가 생각한다. 그리고 괴이한 일, 무력을 쓰는 일, 변란을 일으키는 일, 귀신에 관한 일 등은 성인이 말씀하지 않은 것들이다.⁴⁶⁾ 가의는 어찌하여 신괴하고 허무한 말을 극도로 펼쳐 문제가 그에게 자

---

45) 가의(賈誼, BC 200~BC 168) : 전한의 정치가이자 문인으로, 제도와 법령에 관한 개혁을 주장했다. 문제(文帝)가 공경(公卿)에 임명하려 했으나, 대신들의 미움을 받아 장사왕(長沙王)의 태부(太傅)로 좌천되었으며, 다시 양 회왕(梁懷王)의 태부가 되었다. 33세의 젊은 나이에 세상을 떠났다. 저술로 ≪신서(新書)≫, ≪가장사집(賈長沙集)≫이 있으며, 그가 지은 유명한 작품으로 <치안책소(治安策疏)>와 <과진론(過秦論)>이 있다.

46) 괴이한… 것들이다 : ≪논어(論語)≫ <술이(述而)> 제20장에 나오는 말이다.

리를 앞으로 당겨 오라고 할 수 있었는가? 만약 변론한 것이라고 말한다면 이것이 변론일 수 있겠다. 그러나 제왕에게 무슨 도움이 있었겠는가? 이것은 가의가 스스로 비방을 받아 유배를 갔다가 오랜 후에 다시 등용되어 아첨하는 말로 황제의 뜻에 따라 대답한 것이 아니겠는가? 그렇다면 무슨 연유로 문제와 말을 한 것이 메아리가 울리듯 이와 같았겠는가? 그 뒤 마침내 신원평(新垣平)이 허탄한 일을 거리낌 없이 말해 문제가 위양(渭陽)에 오제묘(五帝廟)를 짓고 장문(長門)에 오제단(五帝壇)을 세워 망령되이 복을 기원하게 했다. 무제(武帝)에 이르러 더욱 귀신의 제사를 좋아했다. 그리하여 이소군(李少君)이 부뚜막신에게 제사하고 벽곡(辟穀)하는 일로써 등용되고, 박인(亳人) 무기(繆忌)가 태일(泰一)의 방향에 제사하는 일로써 등용되었다. 제인(齊人) 소옹(少翁), 교동(膠東) 난대(欒大), 공손경 등도 모두 괴이한 일을 말해 총애를 얻어 한나라의 덕을 어지럽혔다. 그러므로 "한대에 신괴한 일을 말한 이가 많은 까닭은 가의가 앞에서 열었고 공손경의 무리가 뒤에서 심화시켰다"라고 말한 것이다.

아! 옛날에 가의가 왕을 보좌할 재능이 있다고 칭송받았다. 나는 가의가 통곡할 만한 한 가지, 눈물을 흘릴 만한 두 가지, 길게 탄식할 만한 일곱 가지를 아뢴 것[47]을 살펴보니, 가의는 참으로 왕을 보좌할 재능이 있었다. 만약 문제가 총명해 결연히 그를 등용하고 의심하지 않을 수 있었다면, 공덕을 이루 헤아릴 수 없었을 것이로다. 그가 실언한 것을 안타깝게 생각하노라. 후세에 가의처럼 젊은 나이에 재능 있는 사람이 다시 태어나 도(道)로써 시종일관하지 못하고 조금 좌절하는 상황으로 인해 아첨하는 말로 천자의 뜻에 따라 망령되이 그 앞에서 말해 괴란의 계기를 열게 될까 나는 두려워한다.

書賈誼傳後

讀漢書者 靡不尤文帝 偉賈生 吾觀賈生宣室對鬼神之事 竊謂漢世多言神怪者 由賈生啓之於前 而公孫卿之徒甚之於後也 且怪力亂神 聖人之所不語 賈生何得極其神怪虛無之言 使文帝爲之前席 若以爲辨 斯則辨矣 然於世主何所補哉 此非賈生自以被謗謫去 久而復用 諛辭順旨而對之者乎 然則何以與文帝言也 如嚮之若是哉 厥後遂使新垣平得以肆其濶誕 文帝作渭陽五帝廟 又長門立五帝壇 妄以祈福 逮乎孝武 尤好鬼神之祀 李少君以祠竈穀道進 亳人繆忌以祀泰一方進 及齊人少翁膠東欒大公孫卿 皆以言怪得幸 以亂漢

---

47) 통곡할… 아뢴 것 : 가의가 올린 <치안책소>에 나오는 말이다.

德 故曰漢世多言神怪者 賈生啟之於前 而公孫卿之徒甚之於後也 噫 古稱誼有王佐才 吾觀誼所陳 一痛哭 二流涕 六長歎息 誼誠王佐才也 若文帝聰明而能斷用之而不疑 功德可勝量哉 惜其失於言也 吾懼後世之復有年少才如賈生者不能以道終始 因少有摧躓 而諛辭順旨 妄言於天子前 以啟怪亂之階也

평진(平津)을 죄줌

천하가 지극히 잘 다스려지는 정치를 이루는 경우는 훌륭한 임금이 있고 훌륭한 신하가 있기 때문이다. 훌륭한 임금이 있지만 훌륭한 신하가 없다면, 지극히 잘 다스려지는 정치를 이루기에 부족하다. 훌륭한 신하는 있지만 훌륭한 임금이 없다면, 지극히 잘 다스려지는 정치를 이루기에 부족하다. 요(堯)·순(舜) 같은 성군(聖君)은 구도(咎陶)·대우(大禹)·후기(后夔)·백이(伯夷) 등을 등용해 보좌하게 했다. 우(禹)·탕(湯) 같은 현군(賢君)은 백익(伯益)·후직(后稷)·이윤(伊尹)·중훼(仲虺) 등을 등용해 보익하게 했다. 그런 뒤에 성대한 덕과 위대한 일을 성취해 천고에 찬란히 빛나 남들은 따라올 수 없게 되었다. 하물며 그 아래에 있는 자랴? 그러므로 "천하가 지극히 잘 다스려지는 정치를 이루는 경우는 훌륭한 임금이 있고 훌륭한 신하가 있기 때문이다"라고 말했다.

삼대(三代) 이후로 전한(前漢)이 성대했다. 내가 살펴보건대, 무제는 총명하고 원대하며 스스로 듣고 판단할 수 있어 우·탕의 자질을 가졌다. 그런데 성대한 덕과 위대한 일을 끝내 이루어 낼 수 없었던 까닭은 훌륭한 임금은 있었지만 훌륭한 신하가 없었기 때문이다. 예전 진대(秦代)에 멋대로 학대해 여러 성인의 도가 소멸되었다. 한고조(高祖)가 전쟁을 통해 천하를 취했으므로, 강구할 겨를이 없었다. 혜제(惠帝)는 어리석고 나약해 논하기에 부족하고, 문제(文帝)와 경제(景帝)는 단지 공손하고 검소한 것으로 천하의 모범이 되었다. 오직 무제는 하늘이 그의 마음을 열어 주어 우뚝하게 뛰어나 삼대의 지극히 잘 다스려진 정치를 회복할 것을 생각했다. 그리하여 유술(儒術)을 높여 사용하고 고도(古道)를 힘써 연마해 창고에서 재물을 꺼내어 서적을 구입하고 암혈을 텅 비게 해 현자를 초빙했다. 이로 인해 천하가 크게 바뀌고 방향성을 가졌다. 아! 여러 성인의 도가 진나라에 이르러 소멸되었으니, 무제가 아니었다면 민멸되어 드러나지 못했을 것이다. 무제의 공로가 성대하구나.

이때 평진(平津)48)이 평민 가운데 등용되어 몇 년 되지

---

48) 평진(平津) : 전한 때 재상으로, 평진후(平津侯)에 봉해진 공손홍(公孫弘, BC 200~BC 121)을 가리킨다. 집안이 가난해 바닷가에서 돼지를 치며 살다가, 마흔 살 즈음에 ≪춘추공양전≫을 배웠다. 무제 때 추천을 받아 박사가 되었으며, 어사대부 등을 역임했다. 강력하게 간언하기보다는 무제의 뜻을 살펴 의견을 말했다. 호무생(胡毋生)에게

않아 지위가 승상에 올랐으니, 쓰이지 않은 것이 아니다. 만약 평진이 안으로 정성을 다하고 밖으로 여러 논의를 채택해 충성스러운 말을 임금에게 아뢰어 무제가 날마다 듣지 못한 것을 듣게 하고 날마다 이르지 못한 곳에 이르게 했다면 삼대의 지극히 잘 다스려진 정치가 하루도 되지 않아 회복될 수 있었을 것이다. 아! 평진은 예악을 제정해 장구한 세대 동안 백성을 다스릴 재능이 없었으며, 단지 봉록을 유지하고 지위를 고수해 스스로 안락을 도모하는 것을 일삼았다.

본전(本傳)에 "매번 조회의 논의에서 단서를 아뢰어 임금이 스스로 선택하게 했으며, 면전에서 꺾거나 조정에서 간쟁하려 하지 않았다"라고 서술했다. 또한 "공경(公卿)과 함께 의론하기를 약속했는데, 임금 앞에 나아가선 모두 약속을 어기고 임금의 뜻에 따랐다"라고도 일컬었다. 이것이 지위를 유지하고 봉록을 고수해 스스로 안락을 도모한 것이 아니겠는가? 무제가 이런 이유로 마음이 방탕해졌으니, 이로부터 방사(方士)의 그릇되고 괴이한 설이 나

춘추공양학을 전수받았다. 저술로 ≪옥함산방집일서≫에 수록된 ≪공손홍서(公孫弘書)≫가 있다.

아올 수 있었다.

평진은 원삭(元朔) 5년(BC 124) 11월에 설택(薛澤)을 대신해 승상이 되었으며, 원수(元狩) 2년(BC 121) 3월에 죽었다. 그러니 무제가 신선의 음사(淫祀)를 숭상하고 소군(少君)의 요사스런 말에 유혹되어 부뚜막신에 제사하고 바다로 들어가서 신선이 죽지 않는 일을 구한 것은 모두 평진이 목격한 일들인데, 한마디 말을 쏟아 내어 규제했다는 것을 듣지 못했다. 결국 무제의 마음이 방탕해 회복할 수 없어 천고의 웃음거리가 되도록 했으니, 진실로 애석하도다. 이윤이 말하길 "나는 임금이 요순처럼 될 수 없다면 내 마음의 부끄러움이 시장에서 매질을 당하는 것 같다"라고 했다. 아! 평진은 이윤의 마음이 없으니, 참으로 죄줄 만하다.

罪平津

成天下之至治者 有君也 有臣也 有君而無臣 不足以成至治 有臣而無君 不足以成至治 聖如堯舜 以咎陶大禹后夔伯夷左右之 賢如禹湯 以伯益后稷伊尹仲虺翼輔之 然後能致其盛德大業 輝照於千古而不可攀 況其下者乎 故曰成天下之至治者 有君也 有臣也 三代旣往 西漢爲盛 吾觀孝武 聰明而宏遠 聽斷在己 有禹湯之資 然其盛德大業 終弗克以濟之者 有君無臣也 昔秦代肆虐 羣聖之道爐矣 高祖以干戈取天

下 故講求之未暇也 孝惠暗懦 不足以議 孝文孝景 止以恭儉爲天下先 惟孝武 天啟其衷 巍然獨出 思以復三代之至治也 於是尊用儒術 勵精古道 出府庫以購其書 空巖穴以聘其賢 由是天下爲之不變而嚮方焉 噫 羣聖之道 迨秦而燼 微孝武則將泯泯而弗章矣 孝武之功也盛哉 是時平津起徒步 不數年 位居丞相 非不用也 向使平津能內竭乃誠 外采羣議 以啟沃 使孝武日聞其所未聞 日至其所未至 則三代之至治可不日而復矣 嗟乎 平津無制禮作樂長世御民之才 但以持祿固位 自圖安樂爲事 本傳稱每朝會議 開陳其端 使人主自擇 不肯面折廷諍 又嘗稱與公卿約議 至上前皆背其約 以順上旨 此非持位固祿 自圖安樂者乎 孝武職此之由 其心蕩矣 自是方士邪怪之說得進 以元朔五年十一月代薛澤爲丞相 元狩二年三月薨 且孝武崇神仙之淫祀 惑少君之妖言 祠竈入海 以求神仙不死之事 此皆平津之所睹也 蔑聞吐一言以救之 卒使孝武之心蕩而不復 爲千古笑 誠可惜也 伊尹有言曰予不克俾厥后爲堯舜 予心愧恥 若撻於市 嗟乎 平津無伊尹之心 誠可罪也

무위(無爲)의 올바른 뜻 (상)

 무위(無爲)는 순(舜)⁴⁹⁾의 위대한 덕일 것이로다! 멍하니 아무것도 하지 않는 것이 아니다. 처음엔 천하를 구하지 않았는데 천하가 스스로 귀의했으며, 마지막엔 천하를 주지 않았는데 천하가 스스로 주었으니, 백성이 있은 이래로 순 한 사람일 뿐이다. 예전에 순은 역산(歷山)에서 밭을 갈았으며, 뇌택(雷澤)에서 물고기를 잡았고, 하빈(河濱)에서 도자기를 구웠다. 당시에 그가 어찌 천하에 뜻이 있었겠는가? 효덕(孝德)이 조정에 알려지자 요(堯)가 갑작스레 천하를 물려주었고, 순(舜)이 요의 물려줌을 받자 아침 일찍부터 밤늦게까지 삼가고 조심하며 요와 덕이 같지 않을까 두려워했다. 천하는 요의 천하이니, 요의 방법으로 다스리지 않으면 천하의 백성이 자기 처소를 얻지 못함이 있기 때문이다. 그리하여 요의 방법을 극진히 실행해 천하의 백성이 요의 세대와 다르지 않게 했다. 순이 제

---

49) 원문에는 '우씨(虞氏)'로 표기되어 있으나 독자의 혼동을 피하기 위해 본문에는 '순(舜)'으로 표기했다.

위에 있은 지 오래되자 다시 요의 천하와 요의 방법을 모두 우(禹)에게 주었다. 이것이 순의 덕이 위대한 덕이라고 말할 만한 점이다. 순의 천하는 요의 천하였으며, 순의 방법은 요의 방법이었다. 순이 처음에는 요에게서 얻었으며, 마지막에는 우에게 전했다. 이는 순의 무위가 찬란한 것이다.

아! 위로 요가 없고 아래로 우가 없었다면, 어찌 시선을 높이 들고 아무것도 하지 않는다고 일컬을 수 있겠는가? 위로는 요가 있고 아래로 우가 있었으니, 순이 시선을 높이 들고 아무것도 하지 않을 수 있었던 까닭이다. 그렇지 않다면 공자가 위로 복희(伏羲)를 돌아보고 아래로 문무(文武)에 이르기까지 대경(大經)을 기록해 만세의 법도로 삼으려 할 적에, 어찌 아무것도 하지 않았는데도 다스려진 사람은 복희, 황제(黃帝), 요, 우, 탕(湯), 문무 등이라고 말하지 않고 단지 "아마도 순일 것이다"라고 말했는가? 만약 무위를 멍하니 아무것도 하지 않는 것이라고 한다면, 어찌 ≪서경(書經)≫에 "칠정(七政)을 제정해 상제에게 유제(類祭)를 지내셨다"라고 했는가? 또한 "사악(四岳)을 만나고 여러 제후에게 서옥(瑞玉)을 돌려주셨다"라고 했다. 또한 "동쪽 지방을 순수(巡狩)해 대종[岱宗, 태산(泰山)]에 이르러 사시(四時)와 달수를 맞추고 날짜를 바로잡으며 도(度)·양(量)·형(衡)을 일률적으로 통일시키며, 오례(五禮)와 오옥(五玉)을 닦으셨다"라고 했다. 또한 "남쪽 지방을 순수해 남악[南嶽, 형산(衡山)]에 이르렀으며, 서쪽 지방을 순수해 서악[西嶽, 화산(華山)]에 이르렀으며, 북쪽 지방을 순수해 북악[北嶽, 항산(恒山)]에 이르셨다"라고 했다. 또한 "비로소 12주(州)를 설치하고 12산(山)을 진산(鎭山)으로 삼으셨다"라고 했다. 또한 "유배형으로 오형(五刑)을 관대하게 하셨다"라고 했다. 또한 "공공(共工)을 유배하고 환도(驩兜)를 추방하며 삼묘(三苗)를 내쫓고, 곤(鯀)을 죽였다"라고 했다. 또한 "사악(四岳)과 의논해 사방의 문을 활짝 열고 사방으로 눈이 잘 보이게 하며 사방으로 귀가 잘 들리게 하셨다"라고 했다. 또한 "우가 수토(水土)를 다스렸다"라고 했다. 또한 "백성이 굶주림에 시달리고 있을 때 후직(后稷)이 백곡(百穀)을 파종하고 심었다"라고 했다. 또한 "백성이 친목하지 못하고 오품[五品, 오상(五常)]이 순조롭게 행해지지 않는다"라고 했다. 또한 "만이(蠻夷)가 중하(中夏)를 어지럽히고 도둑 떼가 안팎에 들끓었으며, 50년에 이르러 돌아가셨다"라고 했다. 이런 기록은 순이 행한 일들이 이처럼 매우 번다했다는 것이다. 그리고 ≪서경≫은 성인의 붓으로 몸소 정리한 책이다. 공자는 순이 행한 일들이 이처럼 매우 번다

했다는 사실을 보았는데, 어찌 반대로 "없었다[無]"고 말할 수 있었는가? 이 사실로 보건대, 무위는 멍하니 아무것도 하지 않는 것이 아님을 알겠다.

無爲指(上)

無爲者 其虞氏之大德歟 非曠然不爲也 始不求於天下 而天下自歸之 終不授於天下 而天下自授之 自生民以來 虞氏一人而已 昔在歷山而耕焉 雷澤而漁焉 河濱而陶焉 當是時也 彼孰有意於天下哉 及夫孝德升聞 堯遽以天下禪之 舜旣受堯禪 夙夜兢兢 懼德弗類 以天下者 堯之天下也 不以堯之道治之 則其天下之民有不得其所者矣 於是盡履堯之道行之 俾其天下之民不異於堯之世也 舜居位旣久 復以堯之天下堯之道 盡與之禹 此舜之德 其可謂大德也矣 夫舜之天下 堯之天下也 舜之道 堯之道也 舜始得之於堯而終傳之禹 此舜之無所爲也章章矣 噫 上無堯 下無禹 孰可高視而稱於無爲哉 上堯而下禹 舜所以得高視而無爲也 不然則孔子上顧伏羲 下訖文武 筆於大經 爲萬世法 何不曰無爲而治者 伏羲也 黃帝也 堯也 禹也 湯也 文武也 止曰其舜也歟哉 若以無爲爲曠然而不爲 則書何曰 齊七政 類上帝 禋六宗 又曰 覲四嶽 班瑞於羣后 又曰東巡守至於岱宗 協時月正日 同律度量衡 脩五禮五玉 又曰南巡狩至於南嶽 西巡狩至於西嶽 北巡狩至於北嶽 又曰肇十有二州 封十有二山 又曰流宥五刑 又曰流共工 放驩兜 竄三苗 殛鯀 又曰詢四岳 闢四門 明四目 達四聰 又曰禹平水土 又曰黎民阻飢 后稷播植百穀 又曰百姓不親 五品不遜 又曰蠻夷猾夏 寇賊姦宄 以至五十

載陟方乃死之類 此舜有爲其繁也 如是之甚矣 且書者 聖筆親刪也 孔子覲舜之有爲其繁也如是之甚 安可反謂之無哉 由是觀之 則知無爲者 非曠然而不爲也

무위(無爲)의 올바른 뜻 (하)

 무위의 도는 아마도 지극하구나! 순(舜)50)이 아니라면 누가 여기에 참여할 수 있으랴? 후대에 천하를 다스린 자 중에 순의 덕을 생각하지 않으면서 순의 무위를 사모하는 것이 가능한 사람을 나는 보지 못했다. 삼대 이하로 순의 큰 덕을 생각하지 않고서 순의 무위를 무모하게 하려 했던 자들이 많았다. 세상의 아첨과 간교를 일삼는 신하가 혹 천자를 유도하니, 순의 큰 덕을 진술해 그의 통치를 보좌하지 않는다면 불교와 노장의 허무청정·인과응보의 설로 그릇되게 이끌어 그사이를 교란시켜 임금의 덕성을 무너뜨린다. 아! 통탄스럽구나. 천자가 불교와 노장의 설에 현혹되어 조종(祖宗)의 근면하심을 잊어버리고 천명의 중대함을 두려워하지 않으며, 왕위의 막중함을 돌아보지 않는다. 그러면서 위엄과 복을 신하에게 맡기고 멋대로 사람들 위에서 안락을 누리면서 아득히 자기가 할 일을 전혀

---

50) 원문에는 '우제(虞帝)'라고 표기되어 있으나 독자의 혼동을 피하기 위해 본문에는 '순(舜)'으로 표기했다.

알지 못하며, 까마득히 자기가 지킬 것을 전혀 알지 못한 채, "나는 무위를 행한다"라고 말한다. 기강이 무너져 위로는 참람하게 윗사람의 예법을 사용하고 아래로는 비천하게 아랫사람의 예법에 가깝게 하는데도51) 어두워 깨닫지 못하는 것을 통탄하지 않을 수 있겠는가! 그리고 광대한 천하에 억조의 백성이 살고 있어 하루 동안 여러 가지 정무를 삼가고 공경스럽게 처리해도 오히려 미치지 못할까 두려운데, 불교와 노장의 설에 현혹될 수 있으랴! 조종의 근면하심을 잊을 수 있으랴! 천명의 중대함을 두려워하지 않을 수 있으랴! 왕위의 막중함을 돌아보지 않을 수 있으랴! 사람들의 위에서 멋대로 할 수 있으랴! 이 어찌 깊이 현혹되어 듣지 못함이 이처럼 심한가? 옛날 진시황과 한 무제가 처음에는 허무청정의 설에 현혹되었다가 마지막에는 장생신선의 일을 탐닉했다. 양 무제(武帝)52), 제

---

51) 위로는… 하는데도 : ≪예기(禮記)≫ <잡기(雜記)> 하편(下篇)에 "군자는 위로는 참람하게 윗사람의 예법을 사용하지 않고, 아래로는 비천하게 아랫사람의 예법에 가깝게 하지 않는다(君子上不僭上下不偪下)"라고 했다. 원문의 '상참하핍(上僭下偪)'은 여기에 근거한 말로 보인다.

52) 양 무제(武帝, 464~549) : 중국 남북조 시대 남조(南朝) 양나라의

문양제(文襄帝)53), 요흥(姚興)54)이 처음에는 인과응보의 설에 현혹되었다가 마지막에는 해탈보리의 일을 탐닉했다. 결국 모두 몰락해서 망해 구제할 수 없는 형세였다. 이 일들은 책에 모두 실려 있으므로 고찰해 증명할 수 있다. 오직 한나라는 고조가 진나라의 폭정을 제거해 공로가 크고 공덕이 성대한 것에 힘입어 하늘이 싫어서 끊어 버리지 않았으니, 이것은 다행일 뿐이다. 어찌 숭상할 만한 것이겠는가?

내가 무위의 단서를 찾다가 오히려 역대의 유학자들이 공자의 말씀을 드러내어 펼치고 밝혀서 환하게 빛나게 할 수 없었기 때문에, 불교와 노장의 무리가 괴이하고 어지러운 설을 멋대로 펼쳐 그 사이에 끼어들어 천고의 해로움이 된 것을 문제점으로 생각한 적이 있었다. 그러므로 그 설

초대 황제 소연(蕭衍)을 말한다.

53) 제 문양제(文襄帝, 521~549) : 중국 남북조 시대 북조(北朝) 동위(東魏)의 실권자로, 성명은 고징(高澄)이다. 사후에 동생인 북제(北齊)의 고양(高洋)에게 문양황제(文襄帝)로 추존되며, 묘호는 세종(世宗)이다.

54) 요흥(姚興, 366~416) : 중국 오호십육국 시대 후진(後秦)의 제2대 왕이다. 시호는 문환황제(文桓皇帝)이며, 묘호는 고조(高祖)다.

의 그러한 까닭을 극진히 확대해 <무위(無爲)의 올바른 뜻>을 지어 천하를 다스리는 자를 위해 경계하노라.

無爲指(下)

無爲之道 其至矣哉 非虞帝孰能與於此 後之帝天下者 不思虞帝之德 而慕虞帝之無爲 吾未見其可也 三代而下 不思虞帝之大德 而冒虞帝之無爲者衆 以世之憸佞媥巧之臣或啓導之 旣不陳虞帝之大德 以左右厥治 則枉引佛老虛無淸淨報應因果之說 交亂乎其間 敗於君德 吁 可痛也 觀其惑佛老之說 忘祖宗之勤 罔畏天命之大 靡顧神器之重 委威福於臣下 肆宴安於人上 冥焉莫知其所行 蕩焉莫知其所守 曰我無爲矣 至綱頹紀壞 上僭下偪 昏然而不寤者 得不痛哉 且夫天下之廣 億兆之衆 一日萬幾 兢兢翼翼 猶懼不逮 而佛老之說 其可惑乎 祖宗之勤 其可忘乎 天命之大 其可罔畏 神器之重 其可罔顧 肆於人上乎 斯何沈惑不聞 如是甚也 昔秦始漢武 始則惑於虛無淸淨之說 終則溺於長生神仙之事 梁武齊襄姚興 始則惑於因果報應之說 終則溺於解脫菩提之事 卒皆淪胥以亡 勢不克救 此簡策具載 可覆而驗也 惟漢賴高祖除秦之暴 功宏德茂 天未厭絶 玆亦幸而已 何足尙哉 吾嘗求無爲之端 且病歷代諸儒 不能揚孔子之言 鋪而明之 俾其炳炳如也 故佛老之徒 得以肆其怪亂之說 厠於其間 爲千古害 故盡擴其說之所以然 作無爲指 庸爲帝天下者戒

범 천장[55]에게 보내는 편지 (1)

모월 모일에 포의 손복은 삼가 재배하며 판감 천장 집사에게 편지를 부칩니다.

지금 주상께서 총명하고 지혜로워 성상(聖上) 세 분의 계통을 계승한 지가 14년(1035)이 되셨습니다. 장차 태평의 제업을 견고히 다져 무궁한 데에까지 전하시고자 아침 일찍부터 밤늦게까지 부지런히 행하고 감히 나태하지 않으십니다. 중정하고 순량한 신하를 얻어 도와주기를 생각하셨는데, 집사가 근래에 간언하는 직책의 부서에 있으면서 경계하고 바로잡는 유익함이 많았기 때문에 자주 고소대에서 불러들여 크게 등용하려 하셨습니다. 그런데 집사가 글을 올려 간곡히 구해 태학에 부임한 까닭은 집사가

---

55) 범 천장 : 범중엄(范仲淹, 989~1052)을 가리킨다. 천장은 범중엄이 천장각(天章閣) 대제(待制)를 지냈으므로 관직명을 일컬어 존칭한 것이다. 범중엄은 북송의 명재상으로, 인종을 도와 개혁 정치를 추진했다. 자는 희문(希文), 시호는 문정(文正)이다. 저술로 ≪범문정공집(范文正公集)≫이 있으며, 특히 <악양루기(岳陽樓記)>가 널리 알려져 있다.

부귀에 급급하지 않고 성현의 교화에 힘쓰려 하기 때문입니다. 태학은 교화의 근본이며, 예의가 모여 있는 곳입니다. 이곳으로 인해 왕도가 일어나고 인륜이 바르게 되며 준량이 배출됩니다. 이런 까닭으로 순·우·문무의 시대에 우선적으로 학교를 높이고 넓혀 천하에 뛰어난 정치를 두루 미치게 했습니다. 지금 집사가 간절히 구해 태학에 부임한 까닭을 제가 알 수 있습니다. 집사는 우리 송나라의 학교가 순·우·문무의 학교가 되도록 하려는 것입니다. 우리 송나라의 학교가 순·우·문무의 학교가 되려 한다면, 우리 송나라의 공경대부의 자제들이 순·우·문무의 공경대부의 자제들이 되도록 하려는 것입니다. 우리 송나라의 공경대부의 자제들이 순·우·문무의 공경대부의 자제들이 되게 한 뒤에 순·우·문무의 도로써 위로 우리 임금께서 순·우·문무의 임금이 되시게 할 것입니다. 우리 임금께서 순·우·문무의 임금이 되시게 한 뒤에 순·우·문무의 도로써 아래로 우리 백성이 순·우·문무의 백성이 되도록 할 것입니다. 수도로부터 나라에 모범이 되어 천하에 이르기까지 모두 덕이 성대할 것입니다. 이것이 바로 집사의 마음입니다. 그러나 생각하건대, 순·우·문무의 도를 구하고자 하는 사람은 반드시 주공과 공자에게 질정한 뒤에 이를 수 있습니다. 지금 집사가 이미 태학에 부임해 이 도를 행하려 한다면, 한 손과 한 눈이 할 수 있는 일이 아닙니다. 반드시 걸출한 유학자와 뛰어난 원로 중에 순·우·문무·주공·공자의 도를 극진히 알 수 있는 자를 널리 찾아 학관을 증설하고 좌우에서 돕게 해 아침저녁으로 순·우·문무·주공·공자의 도를 강의해 국자(國子)들을 교육하게 해야 합니다.

제가 삼가 시험 삼아 살펴보니, 지금의 사인(士人) 중에 순·우·문무·주공·공자의 도를 극진히 알 수 있는 자가 드물었습니다. 무엇 때문입니까? 국가가 수·당의 제도를 답습해 오로지 사부(辭賦)로써 인재를 선발하기 때문입니다. 그러므로 천하의 사인들이 모두 사성(四聲)·팔병(八病)·대우(對偶)56)의 사이로 달려가 힘을 쏟고 성현의 깊은 뜻을 탐구하는 사람은 100명에 한두 명도 없습니다. 만약 우뚝하게 고풍을 지니고 세속을 따르지 않는 사인이 아니라면 누가 저것을 버리고 이것을 취할

---

56) 사성(四聲)·팔병(八病)·대우(對偶) : 사성은 평성(平聲)·상성(上聲)·거성(去聲)·입성(入聲)을 말하며, 팔병은 시를 지을 때 피해야 할 여덟 가지 병통을 뜻한다. 대우는 서로 반대되는 사실이나 서로 비슷한 어구를 연립시켜 문장을 아름답게 꾸미는 것이다.

수 있겠습니까? 이것으로 말한다면, 집사가 태학에 부임해 이 도를 행하고 학관을 증설할 적에 신중하게 선택하지 않을 수 있겠습니까?

지금 대명부 위현 교서랑 사건중(士建中)57)과 남경 유수추관 석개(石介) 두 사람은 순·우·문무·주공·공자의 도를 알 수 있는 자들입니다. 단지 알 뿐만 아니라, 드러내어 행할 수 있는 자들입니다. 집사가 만약 천자께 말씀을 올리고 다음으로 집정에게 말해 그들을 학관으로 삼는다면, 반드시 순·우·문무·주공·공자의 도를 회복

---

57) 사건중(士建中) : ≪손복명소집≫의 원문에는 왕건중(王建中)이라고 되어 있다. 그런데 ≪송원학안(宋元學案)≫ <사류제유학안(士劉諸儒學案)>의 "경력 연간(1041~1048)에 학통이 네 갈래로 일어났다. 제(齊)와 노(魯) 지역에서는 사건중(士建中)과 유안(劉顔)이 태산 손복을 보좌해 일어났다"라고 말한 것에 근거한다면, 왕건중의 '왕(王)' 자는 '사(士)' 자의 오기로 판단된다. 그러므로 번역문에서는 사건중으로 표기했다. 사건중(?~?)의 자는 희도(熙道)이며, 산동성 운주(鄆州) 사람이다. 진사가 되어 평사(評事)에 제수된 뒤, 위현(魏縣)의 수령을 거쳐 상서병부원외랑(尙書兵部員外郞)에 이르렀다. 손복 및 석개와 같은 시대 사람으로, 그들의 추중을 받았다. 저술로 제왕(帝王)의 도를 말한 ≪도론(道論)≫, 화복의 근본을 연구한 ≪원복(原福)≫, 귀신의 이치를 밝힌 ≪원귀(原鬼)≫, 올바른 것을 지키고 사악한 것을 배척한 ≪수시해(隨時解)≫ 등이 있다.

하고 확장해 집사를 도와 국자들을 교육해 지금의 세상을 크게 변화시킬 것입니다.

저는 한가로이 퇴임한 사람으로, 본래 이런 일을 언급해서는 안 됩니다. 그러나 감히 힘써 집사에게 말하는 까닭은 저를 위한 것이 아니라 남을 위해서입니다. 남을 위해서가 아니라 도를 위해서입니다. 집사는 어떻게 생각하십니까? 만약 제가 어리석고 미천해 말을 채택할 수 없다고 생각하신다면, 저는 성인의 도를 배운 지가 30년이니, 어리석고 미천하지만 어찌 함부로 말하겠습니까? 집사는 생각해 주시기를 바랍니다.

寄范天章書(一)

月日 布衣孫復謹再拜 寓書於判監天章執事 今主上聰明睿哲 紹隆三聖之緖 十有四年 將固太平之業 傳之於無窮也 夙夜兢兢 不敢怠荒 思得中正純亮之臣 協贊之 以執事頃居諫職署 多箴規藥石之益 亟自蘇臺召入 將大用之 而執事拜章懇求 茌於太學者 斯蓋執事不汲汲於富貴 而孜孜於聖賢之敎化也 夫太學者 敎化之本根 禮義之淵藪 王道之所由興 人倫之所由正 俊良之所由出 是故舜禹文武之世 莫不先崇大於膠序 而洽至治於天下者焉 今執事懇求而茌之者 吾知之矣 執事將俾我宋之學爲舜禹文武之學也 旣俾吾宋之學爲舜禹文武之學 是將俾吾宋公卿大夫之子弟爲舜禹文武公卿大夫之子弟也 旣敎吾宋公卿大夫之子弟爲舜禹文武

公卿大夫之子弟 然後以舜禹文武之道 上致吾君爲舜禹文武之君也 旣致吾君爲舜禹文武之君 然後以舜禹文武之道下躋吾民爲舜禹文武之民也 自京師型於邦國 達於天下 皆雍雍如也 玆其執事之心也已 然念欲求舜禹文武之道者 必質諸周公孔子而後至焉耳 今執事旣莅是學也 將行是道也 非一手一目之所能 必須博求鴻儒碩老 能盡知舜禹文武周公孔子之道者 增置學官 相左右之 俾朝夕講議舜禹文武周公孔子之道 以敎育乎國子也 復竊甞觀於今之士人 能盡知舜禹文武周公孔子之道者 鮮矣 何哉 國家踵隋唐之制 專以辭賦取人 故天下之士 皆奔走致力於聲病對偶之間 探索聖賢之閫奧者 百無一二 向非挺然持古不徇世俗之士 則孰克捨於彼而取於此乎 由是言之 則執事莅是學 行是道 增置學官之際 可不愼擇乎 今有大名府魏縣校書郞王建中 南京留守推官石介 二人者 其能知舜禹文武周公孔子之道者也 非止知之 又能揭而行之者也 執事若上言於天子 次言於執政 以之爲學官 必能恢張舜禹文武周公孔子之道 以左右執事 敎育國子 丕變於今之世矣 復 閑退之人 固不當語及於是 然敢孜孜布于執事之左右者 非爲諸己也 蓋爲諸人也 非爲諸人也 蓋爲諸道也 執事以爲何如 若以復愚且賤 而言不可取 則復學聖人之道三十年 雖愚且賤 豈妄言乎 惟執事圖之

범 천장에게 보내는 편지 (2)

　엎드려 생각하건대, 송나라가 천하를 소유한 지가 80여 년입니다. 네 분의 성상께서 제위를 계승해 크고도 찬란한 업적이 당나라와 한나라보다 훨씬 뛰어납니다. 주상께서 우・하・상・주의 치도를 성세에 회복하기를 생각해 네 왕조의 학교를 고찰해 교문(橋門)과 벽수(辟水)[58]의 제도를 높였습니다. 그러므로 집사에게 명해 부임하게 하셨으니, 훌륭하시도다! 주상께서 유교를 존숭하고 치도를 구하려는 마음의 지극하심이여. 그렇다면 우・하・상・주의 치도는 참으로 육경에 있지 않겠습니까? 육경을 버리고 우・하・상・주의 치도를 구하려 한다면 고립된 웅덩이와 얕은 도랑에서 헤엄치면서 바다에 닿기를 바라는 것과 같으니, 다다를 수 있겠습니까?

　아! 공자께서 돌아가신 뒤 70자의 무리가 뒤를 이었으

---

58) 교문(橋門)과 벽수(辟水) : 태학의 건물 주위에 못을 파서 두르고 못 안에 네 개의 문을 설치했는데, 네 문 밖에 놓는 다리를 교문(橋門)이라고 했다. 벽수는 태학의 주위를 두르고 있는 물을 가리킨다. 따라서 교문과 벽수는 태학을 지칭하는 말로 사용한다.

나, 육경의 뜻이 막혀 분명하지 못한 지가 오래되었습니다. 진나라 때 분서까지 더해진 뒤로 부서진 잔편에 없어지고 흩어진 부분이 많았습니다. 한·위 이래로 제유가 분분히 사방에서 나와 다투어 주해를 지으니 우리 육경의 뜻이 더욱 어지럽게 되어 학자들이 올바른 문호를 얻어 들어갈 수 없었습니다. 살펴보건대 견문이 같지 않고 시비가 각자 달라 쓸데없는 말을 덧붙여 수백 수천의 문파를 다 헤아릴 수 없습니다. 지금 진술하는 것은 바로 선유가 주해한 설 중에 크게 세상에 행해지는 것으로 그대에게 아뢰니, 집사는 깊이 유념해 주시기를 바랍니다.

국가가 왕필59)·한강백60)의 역설(易說), 좌씨·공양

---

59) 왕필(王弼, 226~249) : 자는 보사(輔嗣)이며, 산양(山陽) 고평[高平, 지금의 산둥성(山東省) 진샹(金鄕)] 사람이다. 삼국 시대 위(魏)나라의 학자로, 하안(何晏)의 천거를 받아 상서랑을 지냈다. 노장학(老莊學)에 심취해 무위 사상을 근본으로 했으며, 하안 등의 노장학자들과 교유했다. ≪주역≫을 해석함에 양한(兩漢)의 상수학(象數學)을 반대하고 의리학(義理學)을 처음으로 제창해 후대에 큰 영향을 끼쳤다. 24세의 젊은 나이로 죽었지만, ≪주역주(周易注)≫, ≪주역약례(周易略例)≫, ≪노자지략(老子指略)≫, ≪노자도덕경주(老子道德經注)≫, ≪논어석의(論語釋疑)≫ 등의 저술을 남겼다.

60) 한강백 : 한백(韓伯, 332~380). 강백(康伯)은 자이며, 영천(潁川)

씨·곡량씨·두예(61)·하휴(62)·범녕(63)의 춘추설(春秋

장사[長社, 지금의 허난성(河南省) 창거(長葛)] 사람이다. 동진(東晉) 때 경학가로, 예장태수(豫章太守), 이부상서(吏部尙書) 등을 역임했다. 하안, 왕필이 주장한 이무위본설(以無爲本說)을 계승하고, 곽상(郭象)의 독화설(獨化說)도 수용하려 했다. 왕필의 ≪주역주(周易注)≫를 이어 <계사전(繫辭傳)>··<설괘전(說卦傳)>·<서괘전(序卦傳)>·<잡괘전(雜卦傳)>에 주를 달았는데, 이 가운데 <계사전>의 주만 십삼경주소(十三經注疏)에 전한다.

61) 두예(杜預, 222~284) : 자는 원개(元凱)이며, 경조(京兆) 두릉[杜陵, 지금의 산시성(陝西省) 시안(西安)] 사람이다. 서진(西晉) 때 경학가로, 278년 진남대장군(鎭南大將軍)에 제수된 후 여러 전투에서 전공(戰功)이 높아 당양현(當陽縣) 제후(諸侯)에 칙봉되었다. 박학하고 계략이 많아 사람들이 '두무고(杜武庫)'라 불렀으며, 전쟁이 없을 때엔 경학을 연구했는데, 특히 ≪춘추≫에 뛰어났다. 자칭 '좌전벽(左傳癖)'이라 했으며, 그가 저술한 ≪춘추좌씨경전집해(春秋左氏經傳集解)≫는 후세에 통행하는 ≪좌전≫의 주본(注本)이 되었고, 십삼경주소에 편입되었다. 그 외 저술로 ≪춘추석례(春秋釋例)≫·≪춘추장력(春秋長歷)≫이 있다.

62) 하휴(何休, 129~182) : 자는 소공(邵公)이며, 임성번[任城樊, 지금의 산둥성(山東省) 취푸(曲阜)] 사람이다. 후한 때 금문 경학가로, 의랑(議郞), 간의대부(諫議大夫) 등을 지냈다. 양필(羊弼)에게 ≪춘추공양전≫을 배워 동중서(董仲舒)의 사전제자(四傳弟子)가 되었다. 오경 및 천문(天文), 역산(曆算) 등에 뛰어났으며, 동중서의 뒤를 이어 금문 경학을 집대성했다. ≪공양묵수(公羊墨守)≫, ≪좌씨고육(左氏膏肓)≫, ≪곡량폐질(穀梁廢疾)≫을 저술해 가규(賈逵)로 대표되는

說), 모장64)·정강성65)의 시설(詩說), 공안국66)의 상서

당시 고문 경학을 반대하고, 이육(李育)의 학설을 근거로 ≪춘추좌씨전≫과 ≪춘추곡량전≫을 논박했는데, 후에 정현이 ≪발공양묵수(發公羊墨守)≫, ≪침좌씨고육(鍼左氏膏肓)≫, ≪기곡량폐질(起穀梁廢疾)≫을 지어 이를 반박했다. ≪효경≫·≪논어≫ 등에도 훈주(訓注)를 했으나 모두 일실되었고, ≪춘추공양전해고(春秋公羊傳解詁)≫와 당나라 서언(徐彦)의 소(疏)를 합한 ≪춘추전주소(春秋傳注疏)≫가 십삼경주소에 전한다. 그 외 저술로 ≪춘추한의(春秋漢議)≫와 옥함산방집일서에 ≪관례약제(冠禮約制)≫, ≪춘추문시례(春秋文諡例)≫가, 옥함산방집일서 속편에 ≪박춘추석아(駁春秋釋痾)≫, ≪논어하씨주(論語何氏注)≫ 등이 실려 있다.

63) 범녕(范甯, 339~401) : 자는 무자(武子)이며, 순양[順陽, 지금의 허난성(河南省) 시추안(淅川)] 사람이다. 동진 때 경학가로, 임회태수(臨淮太守), 중서시랑 등을 지냈다. 재임 기간 동안 학교를 세우고 유학을 선양했으며, 당시 성행하던 왕필, 하안의 현학(玄學)에 반대했다. 평소 ≪춘추곡량전≫에 좋은 주석이 없음을 유감으로 여겨 ≪춘추곡량전집해(春秋穀梁傳集解)≫를 저술했는데, 십삼경주소에 수록되어 있다.

64) 모장(毛萇, ?~?) : '모장(毛長)'이라 쓰기도 하며, 조[趙, 지금의 허베이성(河北省) 한단(邯鄲)] 땅 사람이다. 전한 때 경학가로, 고문 경학인 모시학(毛詩學)의 초기 전수자로 전해진다. 모형(毛亨)의 제자로, 소모공(小毛公)이라 부르기도 한다. 모형에게 ≪시고훈전(詩詁訓傳)≫을 배웠으며, 후에 ≪시경≫에 뛰어나 하간헌왕(河間獻王)의 박사가 되었다. 모장은 관장경(貫長卿)에게 전수했고, 관장경은 해연년(解延年)에게 전수했으며, 해연년은 서오(徐敖)에게 전수했다. 전한 평제(平帝) 때 학관에 모시박사(毛詩博士)가 설립되었다.

설(尙書說) 등을 목판에 새겨 태학에 소장하고 천하에 반

65) 정강성 : 정현(鄭玄, 127~200). 자는 강성(康成)이며, 북해(北海) 고밀[高密, 지금의 산동성(山東省)] 사람이다. 후한 때 경학가로, 젊어서 향리의 장부(嗇夫)가 되었으나 과거에는 관심이 없었다. 태학에 들어가 제오원선(第五元先)에게 경씨역학(京氏易學)과 《춘추공양전》, 《삼통력(三統曆)》, 《구장산술(九章算術)》 등의 금문 경학을 배웠으며, 장공조(張恭祖)에게 《주례》, 《예기》, 《춘추좌씨전》, 《고문상서》 등의 고문 경전과 금문 경전인 한시(韓詩)를 배웠다. 이후 노식(盧植)과 마융(馬融)에게서 고문 경학을 배웠다. 고문 경학을 위주로 하고 아울러 금문 경학을 취했는데, 한대(漢代) 금문 경학과 고문 경학의 논쟁을 종합해 한대 경학의 집대성자로 일컬어진다. 경전의 주석서로 《상서》, 《모시》, 《의례》, 《예기》, 《논어》, 《효경》, 《상서대전(尙書大傳)》, 《상서중후(尙書中候)》, 《한상력(韓象曆)》 등이 있는데, 이 중 《효경》을 육경의 총회(總會)로 생각했다. 후한 초의 정흥(鄭興), 정중(鄭衆) 부자(夫子)와 구별해 '후정(後鄭)'이라 일컬어지며, 이름난 제자로 치여(郗慮), 왕기(王基), 최염(崔琰) 등이 있다. 저술로 《천문칠정론(天文七政論)》, 《노례체협의(魯禮禘祫義)》, 《육예론(六藝論)》, 《모시보(毛詩譜)》, 《박허신오경이의(駁許愼五經異義)》, 《답임효존주례난(答臨孝存周禮難)》 등과 하휴의 《공양묵수》, 《곡량폐질》, 《좌씨고맹》 등에 논박해 지은 《발공양묵수》, 《기곡량폐질》・《잠좌씨고육》 등이 있다. 그 외 문인들이 오경에 대한 제자와의 문답을 《논어》의 형식을 모방해 지은 《정지(鄭志)》가 있다. 현존하는 십삼경주소 중 《모시》, 《주례》, 《의례》, 《예기》의 주는 모두 그의 저술이다.

66) 공안국(孔安國, ?~?) : 자는 자국(子國)이며, 노나래지금의 산동성(山東省) 취푸(曲阜)] 사람이다. 전한 때 경학가로, 공자의 후예다.

포합니다. 그리고 매년 예조에서 과거를 시행해 사인을 선발할 때 표준으로 삼아 많은 사인이 기예를 다툴 적에 주해(註解)의 견해와 하나라도 어긋남이 있으면 즉시 몰아내어 쫓아냅니다. 저는 지극히 어리석은 사람이어서 알지 못하겠으니, 국가가 왕필·한강백·좌씨·공양씨·곡량씨·두예·하휴·범녕·모장·정강성·공안국 등의 해설이 모두 성인의 경서를 극진히 밝힐 수 있었다고 생각하기 때문입니까? 또 알지 못하겠으니, 국가가 고금의 제유 중에 도를 닦고 경서를 탐구하는 자들이 여러 사람의 해설보다 모두 뛰어날 수 없다고 생각하기 때문입니까? 만약 여러 사람의 해설이 모두 성인의 경서를 극진히 밝힐 수 있었다고 말한다면, 여러 사람의 해설이 성인의 경서를 극진히 밝힐 수 없는 것이 많습니다. 만약 고금의 제유 중에 도를

신배 공(申培公)에게 노시(魯詩)를 배우고, 복생(伏生)에게 ≪상서≫를 배웠다. 무제 때 박사가 되어 간의대부, 임회태수 등을 지냈다. 노나라 공왕(共王, 恭王) 때 공자의 옛집을 헐다가 벽 속에서 고문으로 된 ≪상서≫, ≪논어≫, ≪효경≫ 등을 얻어 천한 연간(天漢年間, BC 100 ~BC 97)에 이것을 무제에게 바쳤으나, 학관(學官)에 오르지는 못했다. 전한 때 처음으로 고문학(古文學)을 주창해 도위조(都尉朝), 예관(倪寬) 등에게 전수했다.

닦고 경서를 탐구하는 자들이 여러 사람의 해설보다 모두 뛰어날 수 없었다고 말한다면, 고금의 제유 중에 도를 닦고 경서를 탐구한 것이 여러 사람의 해설보다 뛰어난 것이 오히려 매우 깊습니다.

아! 오로지 왕필·한강백의 해설을 위주로 ≪대역≫을 탐구한다면, 저는 ≪대역≫을 극진히 밝힐 수 있는 자를 보지 못했습니다. 오로지 좌씨·공양씨·곡량씨·두예·하휴·범녕의 해설을 고수해 ≪춘추≫를 탐구한다면, 저는 ≪춘추≫를 극진히 밝힐 수 있는 자를 보지 못했습니다. 오로지 모장·정강성의 해설을 고수해 ≪시≫를 탐구한다면, 저는 ≪시≫를 극진히 밝힐 수 있는 자를 보지 못했습니다. 오로지 공안국의 해설을 고수해 ≪서≫를 탐구한다면, 저는 ≪서≫를 극진히 밝힐 수 있는 자를 보지 못했습니다. 저 여러 사람의 해설이 성인의 경서를 극진히 밝힐 수 없었는데 태학에 소장해 천하에 행해지게 하는 것이 옳겠습니까? 그리고 후대에 소(疏)를 지은 자들은 밝혀낸 점이 없고 다만 예전 주설을 곡진하게 뒤따를 뿐입니다.

제가 집사와 교유한 지 여러 해가 되었습니다. 집사가 주설이 육경을 어지럽혀 육경이 밝혀지지 못한다고 문제시하는 것을 저도 들었습니다. 지금 집사가 내각의 높은 지위로 태학의 교화하는 곳에 재직하고 있으니, 이것은 성학을 열고 깊은 의미를 천명해 혼잡한 것을 제거하고 사문이 성대하게 일어날 때입니다. 다행히 지금 천하가 무사해 태평한 지가 오래되었습니다. 걸출한 유학자와 뛰어난 원로가 어깨를 부딪치며 일어나고 있으니, 이 어찌 한·위의 제유보다 부족하겠습니까? 집사는 속히 천자께 아뢰어 널리 천하의 걸출한 유학자와 뛰어난 원로를 불러 태학에 배치해서 그들이 은미한 뜻을 강구하며 정밀하고 신묘한 의미를 남김없이 드러내도록 해야 합니다. 그리고 그들이 고금의 설을 서로 참조하고 귀결되는 뜻을 회복하도록 하며, 탁월한 식견들 가운데 왕필·한강백·좌씨·공양씨·곡량씨·두예·하휴·범녕·모장·정강성·공안국보다 크게 뛰어난 설을 택해 다시 주해를 지어 우리 육경이 하늘에 해와 달을 걸어 놓은 것처럼 분명하고 밝게 한다면, 학자들이 그 문호를 얻어 들어갈 수 있을 것입니다. 이와 같다면 우·하·상·주의 정치가 하루도 되지 않아 회복될 것이니, 정말 아름답지 않습니까?

만약 집사께서 여러 사람의 주해가 시행된 지 오래되었으니 갑작스레 없앨 수는 없다고 생각하신다면, 당나라 이선(李善)[67]은 양나라 소명 태자(昭明太子)가 편찬한 ≪문선(文選)≫[68]의 오신(五臣)의 주해가 미진하다고 여겨 별도로 주석을 지었습니다. 그리고 ≪문선≫은 진

(晉)・송(宋)・제(齊)・양(梁) 시기 문인들의 천박한 작품이 많으니, 이선이 주석을 지었다고 해도 무엇이 귀하겠습니까? 그런데도 국가에서 목판에 새기도록 명해서 태학에 배치했습니다. 하물며 우리 성인의 경전은 어떠해야 하겠습니까? 어찌 묻혀 드러나지 않게 할 수 있겠습니까! 집사께서 깊이 유념하시길 바랍니다.

寄范天章書(二)

伏以宋有天下 八十餘祀 四聖承承 龐鴻赫奕 逾唐而跨漢者遠矣 主上思復虞夏商周之治道於聖世也 考四代之學 崇橋門辟水之制 故命執事以莅之 大哉 主上尊儒求治之心也至矣 然則虞夏商周之治 其不在於六經乎 舍六經而求虞夏商周之治 猶泳斷潢污瀆之中 望屬於海也 其可至矣哉 噫 孔子旣歿 七十子之徒繼徃 六經之旨鬱而不章也 久矣 加以秦火之後 破碎殘缺 多所亡散 漢魏而下 諸儒紛然四出 爭爲註解 俾我六經之旨益亂 而學者莫得其門而入 觀夫聞見不

---

67) 이선(李善) : 중국 당나라의 학자로, ≪문선≫에 방대한 주석을 붙여 ≪문선주(文選注)≫ 60권을 편찬했다.

68) ≪문선(文選)≫ : 중국 남조 양(梁)나라 소명 태자(昭明太子) 소통(蕭統)이 진(秦)・한(漢) 이후 제(齊)・양(梁) 시기의 유명한 시문을 모아 편찬한 책이며, 총 30권이다.

同 是非各異 駢辭贅語 數千百家 不可悉數 今之所陳者 正以先儒註解之說 大行於世者 致於左右 幸執事之深留意焉 國家以王弼韓康伯之易 左氏公羊穀梁杜預何休范甯之春秋 毛萇鄭康成之詩 孔安國之尚書 鏤板藏於太學 頒於天下 又每歲禮闈 設科取士 執爲準的 多士較藝之際 一有違戾於註說者 即皆駁放而斥逐之 復 至愚至暗之人 不知國家以王韓左氏公羊穀梁杜何范毛鄭孔數子之說 咸能盡於聖人之經耶 又不知國家以古今諸儒 服道窮經者 皆不能出於數子之說耶 若以數子之說 咸能盡於聖人之經 則數子之說 不能盡於聖人之經者 多矣 若以古今諸儒 服道窮經 皆不能出於數子之說 則古今諸儒 服道窮經 可出於數子之說者 亦甚深矣 噫 專主王弼韓康伯之說而求於大易 吾未見其能盡於大易者也 專守左氏公羊穀梁杜預何休范甯之說而求於春秋 吾未見其能盡於春秋者也 專守毛萇鄭康成之說而求於詩 吾未見其能盡於詩者也 專守孔安國之說而求於書 吾未見其能盡於書者也 彼數子之說 旣不能盡於聖人之經 而可藏於太學 行於天下哉 又後之作疏者 無所發明 但委曲踵於舊之註說而已 復不佞 游於執事之牆藩者 有年矣 執事病註說之亂六經 六經之未明 復亦聞之矣 今執事以內閣之崇 居太學教化之地 是開聖闡幽 芟蕪夷亂 興起斯文之秋也 幸今天下無事 太平旣久 鴻儒碩老 駕肩而起 此豈又減於漢魏之諸儒哉 執事亟宜上言天子 廣詔天下鴻儒碩老 置於太學 俾之講求微義 殫精極神 參之古今 覆其歸趣 取諸卓識絶見 大出王韓左穀公杜何毛范鄭孔之右者 重爲註解 俾我六經 廓然瑩然 如揭日月於上 而學者庶乎得其門而入也 如是則虞夏商周之治 可不日而復矣 不其休哉 執事若以數子之說行

之久矣 不可遽而去之 則唐李善以梁昭明太子文選五臣註
未盡 別爲註釋 且文選者 多晉宋齊梁間文人靡薄之作 雖李
善註之 何足貴也 國家尙命鏤板 置諸太學 況我聖人之經乎
安可使其鬱而不章者哉 幸執事之深留意焉

공 급사에게 올리는 편지

모월 모일에 포의 손복은 삼가 재배하고 공 지부(孔知府)69) 용도각(龍圖閣) 집사께 편지를 올립니다. 저는 이름이 감춰지고 자취가 알려지지 않은 채 공자의 도를 배운 지 30년이 되었습니다. 세상에서 명성을 얻지 못했지만, 이런 이유로 저의 마음이 흔들려 감히 하루라도 저버리고 떠난 적이 없습니다. 이른바 '공자의 도'는 천하를 다스리고 국가를 경영할 적에 대중(大中)70)의 도입니다. 그 도는 복희(伏羲)에게서 기원하고 신농(神農)에게서 발전했으며, 황제(黃帝)와 요(堯)·순(舜)으로부터 드러나고 우

---

69) 공 지부(孔知府) : 공도보(孔道輔, ?~?)를 가리킨다. 자는 원로(原魯)이며, 곡부(曲阜, 지금의 산둥성 취푸) 사람이다. 공자의 49세손이다. 1012년 진사가 되어 지선원현(知仙源縣)에 제수되었다. 1033년 어사중승(御史中丞)이 되었는데, 일을 처리할 때 권세가에게 구애되지 않았다. 구양수가 지은 손복의 묘지명에 "사람됨이 강직하고 엄중해 함부로 남을 인정하지 않았는데, 선생의 풍모를 듣고 찾아가 만났다"라고 기록되어 있다.

70) 대중(大中) : 대중지정(大中至正)에서 온 말로, 지극히 공명정대한 도리를 뜻한다.

(禹)·탕(湯)·문무(文武)·주공(周公)에 의해 분명해졌습니다. 그러나 복희 이후로 제도를 창립할 때 소략하기도 하고 번다하기도 했는데, 우리 성사(聖師) 공자께서 뒤이어 더하고 줄여서 중정(中正)에 맞도록 해서 육경(六經)을 편찬했습니다. 이로부터 천하를 다스리고 국가를 경영할 적에 대중(大中)의 도가 찬란하게 갖추어졌습니다. 이것이 바로 공자를 "위대하다[大]"라고 일컫는 까닭이며, 복희·신농·황제·요·순·우·탕·문무·주공보다 월등하게 뛰어난 점입니다.

아! 공자께서 돌아가신 후 유자(儒者)들 중에 그분의 도를 배워 올바른 문을 얻어서 들어간 사람이 드물었습니다. 오직 맹가(孟軻)·순경(荀卿)·양웅(揚雄)·왕통(王通)71)·한유(韓愈)72)일 뿐이니, 저 오현(五賢)은 하늘이

---

71) 왕통(王通, 584~617) : 자는 중엄(仲淹), 사시(私諡)는 문중자(文中子)다. 수(隋)나라 때 인물로, 촉왕시독(蜀王侍讀) 등을 역임했다. 육경(六經)을 중시했으며, 도덕 수양의 방법으로 천명을 아는 것[知命], 이치를 탐구하는 것[窮理], 본성을 다하는 것[盡性]을 주장했다. 육경을 모방해 ≪속시(續詩)≫·≪속서(續書)≫·≪예론(禮論)≫·≪악론(樂論)≫·≪역찬(易贊)≫·≪원경(元經)≫ 등을 저술했으나 모두 전하지 않으며, ≪논어≫를 모방해 지은 ≪중설(中説)≫만 남아 있다.

공자를 보좌하게 한 분들입니다. 또한 세대마다 공허하고 허탄하며 기괴하고 과장되며 거짓된 설들이 우리 공자의 도를 어지럽히기 때문에 하늘이 그분들을 함께 태어나지 않도록 해서 한 현인이 죽으면 다른 현인이 태어나 도와서 무궁한 데에까지 이어지게 하니, 이런 하늘의 뜻이 진실로 매우 분명합니다. 그렇지 않다면 전국 시대로부터 당나라에 이르기까지 공허하고 허탄하며 기괴하고 과장되며 거짓된 설들이 우리 공자의 도를 어지럽힌 적이 여러 번이었는데, 한 현인이 죽고 다른 현인이 태어나서 돕지 않았다면 어두워지고 무너졌을 것입니다. 어두워지고 무너졌다면 천하는 야만스러워졌을 것이고 백성은 짐승처럼 되었을 것입니다. 이로부터 말한다면 오현의 공적이 큽니다. 후세 사람들이 공자의 도로써 마음을 삼지 않는다면 그만이겠지만, 만약 마음을 삼는다면 오현의 공적을 소홀히 할

---

72) 한유(韓愈, 768~824) : 자는 퇴지(退之), 호는 창려(昌黎), 시호는 문공(文公)이다. 당나라 때 인물로, 792년 진사가 되어 국자박사(國子博士)·이부시랑(吏部侍郞) 등을 역임했다. 유가의 사상을 존중하고 도가와 불가를 배격했으며, 유종원(柳宗元)과 함께 고문 운동(古文運動)을 주창했다. 저술로 ≪논어필해(論語筆解)≫·≪논어주(論語注)≫ 등이 있었으나, ≪논어주≫는 전하지 않는다.

수 있겠습니까?

근래에 우인(友人) 석개(石介)의 편지를 받아 보니, 집사께서 성조(聖祖)의 가묘(家廟)에 오현의 사당을 짓고 소상(塑像)을 만들어 제사를 지내는 일에 대해 매우 칭송했습니다. 또 말하길 "공후(孔侯)의 마음이 지극합니다. 우리가 그분을 옳게 여기지 않고서 장차 어디로 가겠습니까?"라고 했습니다. 저는 이런 일들을 듣고 뛰어오르듯 일어나 큰 목소리로 장동(張洞)과 이온(李蘊)을 불러서 "옛날 공자의 도가 오현을 얻어 더욱 존중되었는데, 지금 오현의 공적이 용도각 집사로 인해 더욱 분명해졌다. 용도각 집사는 성인의 후손으로서 송나라의 거현(巨賢)이 되었으니, 이 일에 마음을 다하는 것이 마땅하다. 용도각 집사가 마음을 다하지 않는다면 누가 마음을 다하겠는가? 국조(國朝)에 유개(柳開)[73], 왕우칭(王禹偁)[74], 손하(孫

---

73) 유개(柳開, 947~999) : 원문에는 성명과 자가 병렬되어 있는데, 독자에게 혼란을 줄 수 있어 번역문에서는 이름으로 표기하고 자는 주석으로 밝혔다. 왕우칭 · 손하 · 종방 · 장경 등도 동일한 방식으로 표기했다. 유개는 송나라 때 인물로, 한유를 흠모해 이름을 견유(肩愈)라고 했으며, 자를 소원(紹元)이라 했다. 나중에는 스스로 성도(聖道)의 길을 열었다고 여겨 이름을 개(開)라고 바꾸고 자를 중도(仲塗)라 했다.

何)75), 종방(种放)76), 장경(張景)77) 이후로 태어난 이들이 분분했지만 유학을 의론할 수 있는 자가 드물었으니, 참으로 슬퍼할 만하다. 유학이 쇠퇴한 지가 오래되었구나. 천하 사람들이 모두 용도각 집사가 오현의 사당을 짓

책을 지을 때 스스로 동교야부(東郊野夫) 또는 보망선생(補亡先生)이라고 일컬었다. 973년 진사가 되어 대주지주(代州知州) 등을 역임했다. 한유와 유종원을 본받아 고문 운동에 힘썼다. 문집으로 ≪하동집(河東集)≫이 있다.

74) 왕우칭(王禹偁, 954~1001) : 자는 원지(元之)다. 송나라 때 인물로, 979년 진사가 되어 한림학사(翰林學士) 등을 역임했다. 시문을 잘 지었는데, 시는 두보와 백거이를, 산문은 한유와 유종원을 배우려 했다. 복고주의 시문의 선구자로 일컬어지며, 문집으로 ≪소축집(小畜集)≫이 있다.

75) 손하(孫何, 961~1004) : 자는 한공(漢公)이다. 송나라 때 인물로, 글을 지을 때 반드시 경전의 뜻에 근본하고자 했다.

76) 종방(种放, 955~1015) : 자는 명일(明逸)이다. 여러 차례 천거를 받았으나 관직에 나아가지 않다가, 1002년 장제현(張齊賢)의 추천을 받아 조정에 나아가 황제를 뵈었다. 그 뒤로 공부시랑(工部侍郞) 등을 역임했다.

77) 장경(張景, 970~1018) : 자는 회지(晦之)다. 젊은 시절 유개(柳開)와 교유했으며, 유개가 자기 집안의 장서를 장경에게 전부 주어 더욱 분발해서 독서를 했다고 한다. 1000년 진사가 되어 대리평사(大理評事) 등을 역임했다. 문집으로 ≪장회지집(張晦之集)≫이 있다.

고 소상을 만들어 제사를 지내는 것처럼 행한다면, 유학이 부흥하지 않겠는가? 우리가 댁으로 달려가 용도각 집사의 훌륭함에 절을 올리지 않을 수 있겠는가? 또한 유학이 장차 부흥할 것을 축하하자. 맞이할지 거절할지는 오직 집사의 명에 달려 있다"라고 말했습니다.

上孔給事書

月日 布衣孫復謹再拜 獻書孔知府龍圖執事 復名晦迹沈 學夫子之道三十年 雖不爲世之所知 未甞以此搖其心 敢一日而叛去 所謂夫子之道者 治天下 經國家 大中之道也 其道基於伏羲 漸於神農 著於黃帝堯舜 章於禹湯文武周公 然伏羲而下 創制立度 或畧或繁 我聖師夫子 從而益之損之 俾協厥中 筆爲六經 由是治天下 經國家 大中之道 煥然而備 此夫子所謂大也 其出乎伏羲神農黃帝堯舜禹湯文武周公也 遠矣 噫 自夫子歿 諸儒學其道 得其門而入者 鮮矣 惟孟軻氏 荀卿氏 揚雄氏 王通氏 韓愈氏而已 彼五賢者 天俾夾輔於夫子者也 天又以代有空濶誕謾奇嶮淫麗譎怪之說 亂我夫子之道 故不並生之 一賢歿 一賢出 羽之翼之 垂諸無窮 此天之意也 亦甚明矣 不然 則戰國迄於李唐 空濶誕謾奇嶮淫麗譎怪之說 亂我夫子之道者 數矣 非一賢歿 一賢出 羽之翼之 則晦且墜矣 旣晦且墜 則天下夷狄矣 斯民鳥獸矣 由是言之 則五賢之烈 大矣 後之人 不以夫子之道爲心則已 若以爲心 則五賢之烈 其可忽乎哉 近得友人石介書 盛稱執事於聖祖家廟中 構五賢之堂 像而祠之 且曰 孔侯之心至矣

吾輩不是之 而將何之也 復聞之躍然而起 大呼張泂李蘊曰 昔夫子之道 得五賢而益尊 今五賢之烈 由龍圖而愈明 龍圖公 聖人之後也 爲宋巨賢 宜乎盡心於此矣 龍圖公其不盡心 則孰盡心哉 國朝自柳仲塗開 王元之禹偁 孫漢公何 种明逸放 張晦之景旣徃 雖來者紛紛 鮮克有議於斯文者 誠可悲也 斯文之下衰也 久矣 俾天下 皆如龍圖構五賢之堂像而祠之 則斯文其有不興乎 吾輩得不奔走於牆藩之下 一拜龍圖公之賢哉 又且賀斯文將復也 接之拒之 惟執事之命

장동(張洞)에게 답하는 편지

 복(復)이 명원(明遠)78) 족하에게 고합니다. 10월부터 정월에 이르기까지 두 번이나 편지를 보내었는데, 말과 뜻이 부지런하고 지극해 출중하다고 말할 만합니다. 그대는 제가 지금의 세상을 살아가면서 옛 성현의 도와 인의의 문장을 즐긴다고 여겨, 저에게 도를 높이고 성인을 받들며 저술을 통해 후세에 모범을 전하는 일에 관해 먼 곳에서 물어 왔습니다. 저는 다행히 이것에 뜻을 둔 지가 여러 해 되었습니다. 세상에서 진사라고 불리는 이들을 거듭 생각해 보건대, 대부분이 사부(辭賦)를 연마해 과거에 합격하는 것을 일삼습니다. 유독 명원은 우뚝하게 홀로 벗어났으니, 저것에 급급하지 않고 이것에 힘쓰는 사람이 얼마나 있겠습니까? 하지만 저는 명원의 나이가 젊고 기질이 용감해 빨리 이루고자 한다면 이 문장[斯文]을 성취할 수 없

---

78) 명원(明遠) : 장동(張洞)의 자(字)이며, 임성(任城, 지금의 산둥성 런청) 사람이다. 진사에 급제했다. 유안(劉顏)에게 수학한 뒤 손복에게 춘추학을 전수받아 일가를 이루었다.

을 것이라고 걱정합니다. 그러므로 한두 가지를 말해 볼 테니, 명원이 숙고하기를 바랍니다.

문장은 도의 작용이며, 도는 가르침의 근본입니다(文者道之用也 道者敎之本也). 그러므로 문장을 지을 적에 반드시 마음에서 깨달아 말에서 이루어야 합니다. 마음에서 깨닫는 것은 내면을 밝게 하는 것이며, 말에서 이루는 것은 밖으로 드러내는 것입니다. 내면을 밝게 하므로 그 작용을 적절하게 할 수 있습니다. 밖으로 드러내기 때문에 그 가르침을 확산시킬 수 있습니다. 그러므로 ≪시(詩)≫·≪서(書)≫·≪예(禮)≫·≪악(樂)≫·≪대역(大易)≫·≪춘추(春秋)≫의 문장을 총괄해 경(經)이라고 일컫는 까닭은 그 책들이 공자의 손에서 마무리되었기 때문으로, 이를 존숭하고 특별하게 여깁니다. 이것이 성인의 문장입니다.

후인들은 역량이 부족해 이어 나갈 수 없으니, 다만 명교(名敎)를 보좌하고 성인을 보익해야 합니다. 어떤 이는 성인의 은미한 뜻을 열거합니다. 어떤 이는 제자(諸子)의 이단을 적발합니다. 어떤 이는 천고의 깨닫지 못한 사실을 밝힙니다. 어떤 이는 한 시대의 잘못을 바로잡습니다. 어떤 이는 인정(仁政)의 큰 법칙을 서술합니다. 어떤 이는 공리(功利)의 하찮은 술수를 척결합니다. 어떤 이는 성인의 명성을 드날립니다. 어떤 이는 백성의 분개를 기록합니다. 어떤 이는 대인(大人)의 거취를 진술합니다. 어떤 이는 국가의 안위를 기술합니다. 이들은 반드시 모두 사실에 입각해 느낀 바가 있어 글을 짓습니다. 논(論)·의(議)·서(書)·소(疏)·가(歌)·시(詩)·찬(贊)·송(頌)·잠(箴)·사(辭)·명(銘)·설(說) 등 종류의 명목이 매우 많지만 동일하게 도에 귀결되니, 모두 문장이라고 일컫습니다. 만약 마음대로 날조해 실상이 없이 짓는다면 문장이 아니며, 쓸데없는 무분별한 말일 뿐입니다. 다만 책을 더럽힐 따름이니, 귀한 바가 무엇이겠습니까?

명원이 문장에 뜻이 없다면 그만이겠지만, 만약 뜻이 있다면 [문장을 성취하는 일은] 반드시 잠심해 도를 찾는 데에 달려 있을 것입니다. 잠심해 도를 찾는다면 자신의 깨달음이 반드시 깊어질 것이며, 자신의 깨달음이 깊어진다면 자신의 말이 반드시 원대해질 것입니다. 깊어지고 원대하게 된다면 거의 이 문장[斯文]을 바랄 수 있을 것입니다. 그렇지 않다면 천박하고 저속해 어찌 이 문장을 바랄 수 있겠습니까? 아! 이 문장에 이르기 어려운 지가 오래되었군요.

전한(前漢)으로부터 당나라에 이르기까지 그사이에 뛰어난 유생과 걸출한 유자가 무수하게 출현해 문장으로 세상에 전해진 자들이 많았습니다. 그러나 양주(楊朱)[79]·묵적(墨翟)[80]·불교·도교의 허무(虛無)와 보응(報應)이 많았습니다. 심약(沈約)[81]·사조(謝朓)[82]·서리(徐摛)[83]·

---

[79] 양주(楊朱): 중국 전국 시대의 인물로, 자신을 우선시하는 삶을 살아야 한다는 위아설(爲我說)을 주장했다. 지나침을 거부하고 자연주의를 옹호했는데, 이것은 노자(老子)의 사상을 발전시킨 것이다.

[80] 묵적(墨翟): 중국 전국 시대의 인물로, 자신뿐만 아니라 모든 사람이 함께 잘 살아야 한다는 겸애(兼愛) 사상을 주장했다.

[81] 심약(沈約): 중국 양(梁)나라의 시인이다. 양 무제(梁武帝)의 제업 완성을 도와 상서령(尙書令)이 되었다. 그는 시를 지을 때 운율의 문제를 연구해 이른바 '4성 8병설'을 주장했으며, 성률에 주의를 기울인 섬세한 시 작가로도 유명했다. 저술로 ≪심은후집(沈隱侯集)≫과 ≪송서(宋書)≫ 100권이 있다.

[82] 사조(謝朓): 중국 육조 시대 제나라의 시인이다. 음조(音調)에 뜻을 담은 시풍(詩風)인 영명체(永明體)에 가장 뛰어났다. 시는 오언체(五言體)에 능했고 경치 묘사를 잘했으며, 기풍이 청신(淸新)했다. 저술로 ≪사선성시집(謝宣城詩集)≫ 등이 있다.

[83] 서리(徐摛): 남조 양(梁)나라 동해(東海) 담현(郯縣) 사람이다. 자는 사수(士秀) 또는 사회(士績)이며, 서릉(徐陵)의 아버지다. 어려서부터 학문을 좋아했고 장성해서 경서와 사서를 두루 섭렵했다. 처음에 태학박사(太學博士)가 되었고, 나중에 진안왕(晉安王) 소강(蕭綱, 간문제)의 시독(侍讀)이 되었다. 소강이 태자가 되자 가령(家令)으로 옮겨 관기(管記)를 겸임했다. 얼마 뒤 신안태수(新安太守)로 나갔다가 태자좌위율(太子左韋率)에 이르렀다. 대보(大寶) 2년(551) 간문제(簡文帝)

유견오(庾肩吾)84) 등의 요염하고 부정한 말들이 그 가운데 뒤섞여 작품과 문집에 가득한 지경에 이르렀습니다. 펼쳐서 살펴보면 한마디도 교화에 관해 언급한 것이 없으니, 이것이 쓸데없는 무분별한 말로 다만 책을 더럽히는 것이 아니겠습니까? 처음부터 끝까지 인의를 추구해 저버리지 않

가 후경(侯景)에 의해 감금당하자 분을 이기지 못하고 죽었다. 시와 문장은 창신(創新)과 변화에 뛰어났고, 옛 형식에 얽매이지 않았다. 유견오(庾肩吾)와 명성을 다투어 '서유(徐庾)'라 불렸으며, 궁체시(宮體詩)의 대표적인 작가다.

84) 유견오(庾肩吾) : 남조 양(梁)나라 남양(南陽) 신야(新野) 사람이다. 자는 자신(子愼) 또는 신지(愼之)이며, 유신(庾信)의 아버지다. 처음에 진안왕(晉安王) 소강(蕭綱)의 상시(常侍)가 되어 그가 진(鎭)을 옮길 때마다 따라다녔다. 명령을 받아 유효위(劉孝威) 등과 함께 많은 서적을 편찬해 고재학사(高齋學士)로 불렸다. 태자율갱령(太子率更令)과 중서자(中庶子)를 역임했다. 간문제가 즉위한 뒤 탁지상서(度支尙書)가 되었다. 후경이 송자선(宋子仙)과 함께 회계(會稽)를 격파했을 때 그를 잡아 죽이려고 시를 지어 목숨을 대신하라 할 때 즉석에서 시를 지었는데, 문채가 아주 아름다워 송자선이 석방하고 건창령(建昌令)에 임명했다. 나중에 강릉(江陵)으로 달아나 원제(元帝)에게 투항하고 강주자사(江州刺史)가 되었는데, 얼마 뒤 죽었다. 무강현후(武康縣侯)에 봉해졌다. 시를 잘 지었고, 시풍이 빼어나게 아름다워 궁체시(宮體詩)의 대표 작가 가운데 한 사람으로 꼽힌다. 문집으로 ≪유탁지집(庾度支集)≫이 있다. 그 밖에 ≪서품(書品)≫이 있다.

고 뒤섞이지 않은 것은 오직 동중서(董仲舒)·양웅(揚雄)·왕통(王通)·한유(韓愈)일 뿐입니다. 이것으로 말한다면 쉽게 다다를 수 있겠습니까? 만약 쉽게 다다르려 한다면 제가 들은 바가 아닙니다. 명원은 숙고해 저의 말을 소홀히 하지 말기를 바랍니다. 이만 줄입니다.

答張洞書

復白明遠足下 十月泊正月中 兩辱手書 辭意勤至 道離羣外 以僕居今之世 樂古聖賢之道與仁義之文也 遠以尊道扶聖 立言垂範之事 問於我 我幸而志於斯也 有年矣 重念世之號進士者 率以砥礪辭賦 睎覦科第爲事 獨明遠穎然獨出 不汲汲於彼而孜孜於此者 幾何人哉 然吾懼明遠年少氣勇 而欲速成 無以致於斯文也 故道其一二 明遠熟察之而已 夫文者道之用也 道者 敎之本也 故文之作也 必得之於心 而成之於言 得之於心者 明諸內者也 成之於言者 見諸外者也 明諸內者 故可以適其用 見諸外者 故可以張其敎 是故詩書禮樂大易春秋之文也 總而謂之經者 以其終於孔子之手 尊而異之爾 斯聖人之文也 後人力薄 不克以嗣 但當左右名敎 夾輔聖人而已 或則列聖人之微旨 或則擿諸子之異端 或則發千古之未寤 或則正一時之所失 或則陳仁政之大經 或則斥功利之末術 或則揚聖人之聲烈 或則寫下民之憤歎 或則陳大人之去就 或則述國家之安危 必皆臨事撫實 有感而作 爲論爲議 爲書疏歌詩贊頌箴辭銘說之類 雖其目甚多 同歸於道 皆謂之文也 若肆意構虛 無狀而作 非文也 乃無用之

瞽言爾 徒汚簡册 何所貴哉 明遠無志於文則已 若有志也
必在潛其心而索其道 潛其心而索其道 則其所得也必深 其
所得也旣深 則其所言也必遠 旣深且遠 則庶乎可望於斯文
也 不然則淺且近矣 曷可望於斯文哉 噫 斯文之難至也 久
矣 自西漢至李唐 其間鴻生碩儒 摩肩而起 以文章垂世者
衆矣 然多楊墨佛老虛無報應之事 沈謝徐庾妖艷邪哆之言
雜乎其中 至有盈編滿集 發而視之 無一言及於敎化者 此非
無用瞽言徒汚簡册者乎 至於始終仁義 不叛不雜者 惟董仲
舒揚雄王通韓愈而已 由是言之 則可容易至之哉 若欲容易
而至 則非吾之所聞也 明遠熟察之 無以吾言爲忽 不宣

연주(兗州) 추현(鄒縣)에 건립한 맹묘(孟廟) 기문

공자께서 돌아가신 후 천년이 흘러 사악하고 괴이한 논설을 구사하며 기이하고 삐뚤어진 행동을 멋대로 하면서 우리 성인의 도를 침범한 자들이 많았다. 양주와 묵적이 그들의 괴수였기 때문에 그 죄가 컸다. 공자께서 돌아가신 후 천년이 흘러 사악하고 괴이한 논설을 물리치며 기이하고 삐뚤어진 행동을 멸해 우리 성인의 도를 보익한 자들이 많았다. 맹자가 그들의 으뜸이 되기 때문에 그 공로가 크다. 옛날에 두 녀석[85]이 공자의 시대와 100년도 채 떨어지지 않았는데, 부모도 없고 임금도 없는 가르침으로 천하에 횡행해 천하 사람들이 미혹되어 귀의했다. 아! 임금은 임금답고 신하는 신하다우며 아버지는 아버지답고 자식은 자식다운 것이 군국(君國)의 큰 법칙이며, 인륜(人倫)의 큰 근본이다. 잠시도 없앨 수 없는 것인데 저들은 모두 없애려 했으니, 천하의 백성을 몰아 중원을 버리고 이적으로 가게 하는 것이다. 어떤 재앙이 이보다 심하겠는

---

85) 두 녀석 : 양주와 묵적을 낮춰 표현한 말이다.

가?

　맹자가 아니었다면 구제할 수 없었을 것이다. 그러므로 맹자가 분개해 떨쳐 일어나 요(堯)·순(舜)·우(禹)·탕(湯)·문무(文武)·주공(周公)·공자(孔子)의 법도를 크게 펼쳤다. 그들을 몰아쳐 제거해서 그 뒤를 끊었으며, 이적의 가운데서 천하의 백성을 빼내어 다시 중원에 놓아두어 우리 성인의 도가 밝아져 실추되지 않도록 했다. 그러므로 양웅(揚雄)이 "옛날 양주와 묵적이 정도(正道)를 막았을 때 맹자가 논파해 환하게 터놓았다"[86]라고 말했다. 또한 한유(韓愈)가 "맹자의 공로는 우(禹)의 아래에 있지 않다고 나는 말한다"[87]라고 했다. 그런데 양자운이 맹자의 공로를 기술한 것은 한퇴지의 말이 깊고 지극한 것만 못하다. 무엇 때문인가? 홍수가 횡류했을 때 대우(大禹)가 출현하지 않았다면 천하의 백성은 물고기나 자라가 되었을 것이다. 양주와 묵적이 횡행했을 때 맹자가 나타나

---

86) 옛날… 터놓았다 : 양웅의 ≪법언(法言)≫ <오자(吾子)>에 있는 말이다.

87) 맹자의… 말한다 : 한유의 <여맹상서서(與孟尙書書)>에 보이는데, 원문은 "愈嘗推尊孟氏 以爲功不在禹下者 爲此也"라고 되어 있다.

지 않았다면 천하의 백성은 짐승이 되었을 것이다. 바로 이런 점을 말한다.

경우(景祐) 정축년(1037) 세모(歲暮), 용도각(龍圖閣) 공 공(孔公)88)이 동로(東魯)를 다스린 지 2년이 되는 때였다. 공은 성인의 후손으로 큰 가르침을 널리 펼쳐 사문(斯文)을 부흥하는 것을 자신의 임무로 삼았다. 일찍이 말하길 "제유 가운데 성문(聖門)에 큰 공로가 있는 사람으로서 맹자보다 앞서는 이가 없다. 맹자가 힘써 두 녀석의 재앙을 평정했지만 후대에 제향을 받지 못하니, 이것은 누락됨이 너무 심하다. 제법(祭法)에 '큰 재앙을 막을 수 있었다면 제사하고 큰 환란을 막을 수 있었다면 제사한다'라고 했다. 맹자는 큰 재앙을 막을 수 있었고 큰 환란을 막을 수 있었다고 말할 만한 분이다. 또한 추현(鄒縣)은 옛날에 맹자의 마을이었다고 하는데, 지금 내가 다스리는 지역에 속해 있다. 내가 그분의 묘를 탐방한 후 새롭게 사당을 짓고 제사를 지내 공적을 드러내야 하겠다"라고 했다.

이에 명령을 내려 관리에게 널리 찾도록 하니, 과연 도읍으로부터 동북 30리 되는 곳에 사묘산(四墓山)이 있었

---

88) 공 공(孔公) : 공도보(孔道輔)를 가리킨다.

고 사묘산의 남쪽에서 그분의 묘소를 찾았다. 마침내 수풀을 제거하고 사당을 창건해 공손추(公孫丑)와 만장(萬章)의 무리를 배향하도록 했다. 이듬해 봄에 묘당(廟堂)이 완성되어 태산 손복에게 사실을 밝혀 기록하게 했으니, 손복은 공자를 배우고 맹자처럼 되기를 바라는 사람이다. 세상에 사악하고 괴이하며 기이하고 삐뚤어진 자취를 밟으려 하는 자가 있다면 맹자를 이어 공격하려고 항상 생각했는데, 하물며 공의 명을 받들어 그분의 묘당에 관해 기록하는 일에 더욱이 어찌 감히 사양하랴! 아, 양자운은 맹자의 공로를 기술할 수 있었지만 극진할 수 없었으며, 한퇴지는 극진할 수 있었지만 제사를 지낼 수는 없었다. 오직 공은 극진할 수 있고 제사를 지낼 수도 있으니, 아름답지 않겠는가? 그러므로 있는 그대로 적어서 기록한다.

경우 5년(1038) 세차 무인년 3월 모일에 쓰다.

兗州鄒縣建孟廟記

孔子既没 千古之下 駕邪怪之說 肆奇險之行 侵軼我聖人之道者 衆矣 而楊墨爲之魁 故其罪劇 孔子既没 千古之下 攘邪怪之說 夷奇險之行 夾輔我聖人之道者 多矣 而孟子爲之首 故其功鉅 昔者 二豎去孔子之世 未百年也 以無父無君之敎行於天下 天下惑而歸之 嗟乎 君君臣臣 父父子子 君國之大經也 人倫之大本也 不可斯須去矣 而彼皆無之 是歐

天下之民 舍中國 之夷狄也 禍孰甚焉 非孟子莫能救之 故孟子慨然奮起 大陳堯舜禹湯文武周公孔子之法 驅除之以絕其後 拔天下之民於夷狄之中 而復置之中國 俾我聖人之道炳焉不墜 故揚子雲有言曰 古者 楊墨塞路 孟子辭而闢之 廓如也 韓退之有言曰 孟子之功 予以謂不在禹下 然子雲述孟子之功 不若退之之言深且至也 何哉 洚水橫流 大禹不作 則天下之民魚鱉矣 楊墨暴行 孟子不作 則天下之民禽獸矣 諸謂此也

景祐丁丑歲夕 拜龍圖孔公爲東魯之二年也 公聖人之後 以恢張大教 興復斯文爲己任 嘗謂諸儒之有大功於聖門者 無先於孟子 孟子力平二豎之禍 而不得血食於後 茲其闕已甚矣 祭法曰 能禦大菑則祀之 能捍大患則祀之 孟子可謂能禦大菑 能捍大患者也 且鄒 昔以爲孟子之里 今爲所治之屬也 吾當訪其墓而表之 新其祠而祀之 以旌其烈 於是符下 仰其官吏 博求之 果所邑之東北三十里有山曰四基 四基之陽 得其墓焉 遂命去其榛莽 肇其堂宇 以公孫萬章之徒配 越明年春 廟成 俾泰山孫復明而志之 復學孔而希孟者也 世有蹈邪怪奇嶮之迹者 常思祠而攻之 況承公命而志其廟 又何敢讓嘻 子雲能述孟子之功而不能盡之 退之能盡之而不能祀之 惟公旣能盡之 又能祀之 不其美哉 故直筆以書之

景祐五年 歲次戊寅 三月日 記

신도당기

　성현의 자취는 나아감도 없고 물러남도 없으며, 비방함도 없고 칭송함도 없다. 오직 도(道)가 있는 바를 따를 뿐이다. 등용하면 도를 행하고 버리면 도를 감추니, 무엇이 나아감인가? 무엇이 물러남인가? 삼왕(三王)에 비추어 고찰해도 잘못되지 않고 천지에 세워도 어긋나지 않으며, 귀신에게 질정해도 의심이 없고 백대가 흘러 성인을 기다려도 의혹이 없으니, 무엇이 비방함인가? 무엇이 칭송함인가? 내가 도(道)로 삼는 것은 요(堯)·순(舜)·우(禹)·탕(湯)·문무(文武)·주공(周公)·공자(孔子)의 도이며, 맹가(孟軻)·순경(荀卿)·양웅(揚雄)·왕통(王通)·한유(韓愈)의 도다. 내가 요·순·우·탕·문무·주공·공자·맹가·순경·양웅·왕통·한유의 도를 배우며 30년 동안 지금 세상에서 살았다. 그러므로 나아감이 나아감이 되는 것, 물러남이 물러남이 되는 것, 비방함이 비방함이 되는 것, 칭송함이 칭송함이 되는 것을 알지 못했다. 그 나아감은 우리 요·순·우·탕·문무·주공·공자·맹가·순경·양웅·왕통·한유의 도로 인해 나아감이니, 나의 몸에 무엇이 나아간 것이랴? 그 물러남은 우리 요·순·

우·탕·문무·주공·공자·맹가·순경·양웅·왕통·한유의 도로 인해 물러남이니, 나의 몸에 무엇이 물러난 것이랴? 그 비방을 당함은 우리 요·순·우·탕·문무·주공·공자·맹가·순경·양웅·왕통·한유의 도로 인해 비방을 당함이니, 나의 몸에 무엇이 비방받은 것이랴? 그 칭송을 얻음은 우리 요·순·우·탕·문무·주공·공자·맹가·순경·양웅·왕통·한유의 도로 인해 칭송을 얻음이니, 나의 몸에 무엇이 칭송받은 것이랴? 그러므로 "성현의 자취는 나아감도 없고 물러남도 없으며, 비방함도 없고 칭송함도 없다. 오직 도(道)가 있는 바를 따를 뿐이다"라고 말한다.

내가 정축년(1037) 가을 9월 태산의 남쪽에 당(堂)을 건립했고 이듬해 봄에 당이 완공되었다. 이 도로써 이 당에 거처하기 때문에 '신도당(信道堂)'이라고 이름을 붙였다.

경우(景祐) 5년(1038) 정월 3일 짓다.

信道堂記

聖賢之迹 無進也 無退也 無毁也 無譽也 唯道所在而已 用之則行 舍之則藏 孰爲進哉 孰爲退哉 考諸三王而不謬 建諸天地而不悖 質諸鬼神而無疑 百世以俟聖人而不惑 孰爲

毀哉 孰爲譽哉 吾之所爲道者 堯舜禹湯文武周公孔子之道也 孟軻荀卿揚雄王通韓愈之道也 吾學堯舜禹湯文武周公孔子孟軻荀卿揚雄王通韓愈之道 三十年處於今之世 故不知進之所以爲進也 退之所以爲退也 毀之所以爲毀也 譽之所以爲譽也 其進也 以吾堯舜禹湯文武周公孔子孟軻荀卿揚雄王通韓愈之道進也 於吾躬 何所進哉 其退也 以吾堯舜禹湯文武周公孔子孟軻荀卿揚雄王通韓愈之道退也 於吾躬 何所退哉 其見毀也 以吾堯舜禹湯文武周公孔子孟軻荀卿揚雄王通韓愈之道見毀也 於吾躬 何所毀哉 其獲譽也 以吾堯舜禹湯文武周公孔子孟軻荀卿揚雄王通韓愈之道獲譽也 於吾躬 何所譽哉 故曰 聖賢之迹 無進也 無退也 無毀也 無譽也 唯道所存而已 予丁丑歲秋九月 作堂於泰山之陽 明年春 堂旣成 以是道處是堂 故命之曰信道堂云

景祐五年 正月三日 記

유자(儒者)의 치욕

≪예기≫ <곡례(曲禮)>에 "사방 교외에 보루가 많은 것은 경대부(卿大夫)의 치욕이며, 땅이 넓은데 황폐한 채 다스려지지 않는 것은 또한 사(士)의 치욕이다"라고 했다. 아! 경대부는 사방 교외에 보루가 많은 것을 치욕으로 여기고, 사는 땅이 넓은데 황폐한 채 다스려지지 않은 것을 치욕으로 여긴다. 그렇다면 인의(仁義)가 행해지지 않고 예악(禮樂)이 진작되지 못하는 것은 유자(儒者)의 치욕이로다. 인의와 예악은 세상을 다스리는 근본이며, 왕도(王道)가 흥기하는 이유이며, 인륜이 바르게 되는 이유다. 그 근본을 버린다면 무엇을 할 수 있겠는가? 아! 유자의 치욕은 전국 시대에 시작되었으니, 양주(楊朱)와 묵적(墨翟)이 앞에서 어지럽히고 신불해(申不害)[89]와 한비(韓非)[90]

---

89) 신불해(申不害) : 중국 전국 시대 한(韓)나라의 인물로, 법률과 형벌로 국가를 다스려야 한다고 주장했다. 정(鄭)나라의 천민이었으나, 한나라 소공(昭公) 때 재상으로 등용되었다. 저술로 ≪신자(申子)≫가 있다.

90) 한비(韓非) : 중국 전국 시대의 인물로, 대표적인 법가(法家) 사상

가 뒤에서 잡되게 했다. 한(漢)·위(魏) 이후로는 더욱 심해졌으니, 불가와 도가의 무리가 중국에 횡행했다. 저들이 사생화복(死生禍福)과 허무보응(虛無報應)을 일삼아 그 단서를 천 갈래 만 갈래로 만들어 우리 백성을 속였다.91) 인의를 끊어 버려 천하의 귀를 막고 예악을 내버려 천하의 눈을 가렸다. 천하 사람들 중에 어리석은 이는 많고 현명한 이는 적으니, 사생화복과 보응을 두려워한다. 사람들이 그와 같아서 다투어 거론하고 힘써 추구하지 않는 이가 없다. 살펴보건대 그들이 서로 함께 무리를 이루어 분분하고 소란스럽게 천하에 두루 퍼져 있다. 그리하여 그들의 가르침이 유교와 더불어 나란히 경쟁하며 우뚝하게 셋이 되었다. 아! 괴상스럽구나.

또한 군신(君臣)·부자(父子)·부부(夫婦)는 인륜의 큰 단서다. 저들은 군신의 예법을 저버리고 부자의 관계를 끊으며 부부의 의리를 없앤다. 그것으로 나라를 다스

가다. 저술로 ≪한비자(韓非子)≫가 있다.

91) 사생화복(死生禍福)과… 속였다 : 도가는 삶과 죽음 및 재앙과 복으로, 불가는 인생의 무상함 및 인과응보로 사람들을 현혹해 유가의 가르침에서 벗어나게 했다는 뜻이다.

린다면 어지러워질 것이며, 그것으로 사람을 부린다면 역적이 일어날 것이다. 유자가 인의와 예악으로 마음을 삼지 않는다면 그만이겠지만, 만약 마음을 삼는다면 북을 치면서 성토하지 않을 수 있겠는가? 지금 사람들이 남과 다투며 욕할 적에 조금만 이기지 못하는 것이 있어도 오히려 치욕으로 여기는데, 하물며 저들이 이적(夷狄)과 제자(諸子)의 법으로 우리 성인의 가르침을 어지럽히는 데에서랴! 그것의 치욕스러움이 크도다.

아! 성인이 탄생하지 않으면 괴란이 평정되지 않는다. 그러므로 양주와 묵적이 일어나자 맹자가 물리쳤고, 신불해와 한비가 출현하자 양웅이 막았으며, 불교와 도교가 흥성하자 한문공[韓文公, 한유(韓愈)]이 배척했다. 세 분이 아니었다면 천하 사람들은 다 함께 이적이 되었을 것이다. 안타깝도다! 세 분의 도는 넉넉함이 있었지만 뜻을 성취할 수 없었으며, 힘은 충분히 제거할 수 있었지만 능력을 펼칠 수 없었다. 만약 그 뜻을 성취해 내고 그 능력을 펼칠 수 있었다면, 잡초를 베어 내어 한곳에 쌓아 썩게 하고 남은 뿌리를 자르는 것92)처럼 할 수 있었을 것이다.

---

92) 잡초를… 자르는 것 : 이 말은 ≪춘추좌씨전≫ 은공(隱公) 6년에 보

아! 후대에 장보관(章甫冠)93)을 쓰고 봉액의(縫掖衣)94)를 입은 유자가 자기의 치욕을 알지 못하고 도리어 추종하며 존숭하는 이들이 많으니, 죄인이라고 하지 않을 수 있겠는가? 한·위 이후로 지금에 이르기까지 천여 년 동안 그 원류가 깊어지고 그 근본이 견고해졌다. 올바른 지위를 얻지 못하고 그 부류를 잘라 내지 못하니, 장차 어찌할 것인가? 장차 어찌할 것인가? 그러므로 <유자의 치욕>을 짓는다.

儒辱

禮曰 四郊多壘 此卿大夫之辱也 地廣大 荒而不治 此亦士之辱也 噫 卿大夫以四郊多壘爲辱 士以地廣大荒而不治爲

인다. 국가를 다스리는 자는 악을 제거하는 것을 농부가 잡초를 베어 내어 한곳에 모아 쌓고 남은 뿌리를 잘라서 다시 번식할 수 없게 하는 것처럼 해야 한다. 이렇게 악이 제거되면 선이 신장될 수 있다.

93) 장보관(章甫冠) : 유학자들이 쓰던 관이다. 공자(孔子)가 이 관을 썼으므로, 후세 유학자들이 많이 사용했다.

94) 봉액의(縫掖衣) : 유학자들이 입던 옷으로, 옆이 넓게 터진 도포다. 공자(孔子)가 송나라에 살 때는 그곳에서 쓰는 장보관을 썼고, 노나라에 살 때는 봉액의를 입었다고 한다. 후대에 장보관과 봉액의는 유학자의 의복을 상징하는 말로 사용되었다.

辱 然則仁義不行 禮樂不作 儒者之辱歟 夫仁義禮樂 治世之本也 王道之所由興 人倫之所由正 捨其本則何所爲哉 噫 儒者之辱 始於戰國 楊朱墨翟 亂之於前 申不害韓非 雜之於後 漢魏而下則又甚焉 佛老之徒 橫乎中國 彼以死生禍福虛無報應爲事 千萬其端 紿我生民 絶滅仁義 以塞天下之耳 屛棄禮樂 以塗天下之目 天下之人 愚衆賢寡 懼其死生禍福報應 人之若彼也 莫不爭擧而競趨之 觀其相與爲羣 紛紛擾擾 周乎天下 於是其敎與儒 齊驅並駕 峙而爲三 吁 可怪也 且夫君臣父子夫婦 人倫之大端也 彼則去君臣之禮 絶父子之戚 滅夫婦之義 以之爲國則亂矣 以之使人賊作矣 儒者不以仁義禮樂爲心則已 若以爲心 則得不鳴鼓而攻之乎 凡今之人 與人爭鬪 小有所不勝 則尙以爲辱 矧彼以夷狄諸子之法亂我聖人之敎耶 其爲辱也 大哉 噫 聖人不生 怪亂不平 故楊墨起而孟子闢之 申韓出而揚雄距之 佛老盛而韓文公排之 微三子 則天下之人 胥而爲夷狄矣 惜夫 三子道有餘而志不克就 力足去 而用不克施 若使其志克就 其用克施 則芟夷蘊崇 絶其根本矣 嗚呼 後之章甫其冠 縫掖其衣 不知其辱 而反從而尊之者 多矣 得不爲罪人乎 由漢魏而下 迨於玆千餘歲 其源流旣深 根本旣固 不得其位 不剪其類 其將奈何 其將奈何 故作儒辱

세자 괴외(蒯聵)에 대해 논함

명분을 바르게 한다는 것은 후사에게 지위를 전하고 적자를 세우는 일을 일컫는다. 나라를 다스리는 방도는 후사에게 지위를 전하는 일보다 큰 것이 없다. 후세에게 지위를 전하는 방도는 적자를 세우는 일보다 큰 것이 없다. 참란을 방지하고 찬탈을 저지할 수 있기 때문이다. 정통을 높이고 계통을 전해 계속 이어 가서 끊어지지 않을 수 있다. 자로가 공자께 "위나라 임금이 선생님을 기다려 정치를 하려고 하는데, 선생님께서는 무엇을 먼저 하시겠습니까?"라고 여쭈었다. 공자께서는 영공(靈公)이 무도해 먼저 후사를 바르게 세워 나라를 안정시키지 못했기 때문에 끝내 괴외(蒯聵) 부자가 즉위를 다투게 만들어 위나라를 어지럽혔다고 생각하셨다. 그러므로 "반드시 명분을 바르게 해야 할 것이다. 명분이 바르지 않으면 말이 순조롭지 않게 된다. 말이 순조롭지 않으면 일이 이루어지지 않게 된다. 일이 이루어지지 않으면 예악이 흥기하지 않게 된다. 예악이 흥기하지 않으면 형벌이 적절하지 않게 된다. 형벌이 적절하지 않으면 백성이 손과 발을 둘 곳이 없게 된다"[95)라고 대답하셨다.

이에 관해 말씀하신 것을 어떻게 논변할까? 살펴보건 대, ≪춘추≫ 정공(定公) 14년에 위나라 세자 괴외가 송나라로 망명했다. 애공(哀公) 2년에 진(晉)나라 조앙(趙鞅)이 군대를 이끌고 가서 위나라 세자 괴외를 척(戚) 땅에 들여보냈다. 괴외가 송나라로 망명한 까닭은 괴외가 어머니를 살해하려 한 죄가 있었기 때문에 두려워 송나라로 달아난 것이다. 위나라 세자 괴외를 척 땅에 들여보낸 까닭은 영공이 죽게 되자 괴외가 첩(輒)에게 막혀 위나라로 들어갈 수 없었기 때문이다. 또한 괴외가 어머니를 살해하려 한 죄가 있어 두려워 송나라로 달아났으므로, 영공은 본래 [그를] 즉위시켜야 하는데 폐위시키고 그다음 즉위할 사람을 택해 후사의 지위를 정했다. 영공이 미리 후사의 지위를 정할 수 없었기 때문에 공자(公子) 영(郢)이 훗날 첩(輒)을 즉위시킬 수 있게 해서 위나라를 어지럽혔다.

괴외는 영공의 아들이며, 첩은 괴외의 아들이다. 첩이 즉위하자, 괴외는 즉위할 수 없었다. 괴외가 즉위할 수 없게 되자, 기어코 돌아와서 나라를 쟁탈하게 되었다. 돌아

---

95) 자로가… 없게 된다 : ≪논어≫ <자로(子路)>에 나오는 내용이다.

와서 나라를 쟁탈하게 되자, 첩은 반드시 막아야 했다. 첩이 막게 되니, 이것은 그 아버지를 버리고 그 아들을 세워 그 아들에게 자기 아버지를 막게 한 것이다. 아! 임금은 임금답고 신하는 신하다우며 아버지는 아버지답고 아들은 아들다운 것이 나라의 큰 법칙이다. 저 사람은 그 아버지를 버리고 그 아들을 즉위시켜 그 아들에게 자기 아버지를 막게 했다. 따라서 임금은 임금답지 못하고 신하는 신하답지 못하며 아버지는 아버지답지 못하고 아들은 아들답지 못하니, 짐승의 도다. 사람의 도리가 없어졌다. 이런 까닭으로 괴외가 송나라로 망명했다가 척 땅에 들어가게 된 것에 대해, ≪춘추≫에 모두 세자의 명분을 바르게 해서 기록한 것은 영공을 미워하고 첩을 인정하지 않은 것이다. 영공을 미워한 것은 그가 후사를 바르게 세워 나라를 안정시키지 못한 것을 미워했기 때문이다. 첩을 인정하지 않은 것은 그가 자식으로서 자기 아버지를 막았기 때문이다.

어떤 이가 "오직 괴외만 죄악이 없었습니까?"라고 물었다. 내가 답하길, "괴외는 어머니를 살해하려 한 죄가 있었으니, 마땅히 관계를 끊어야 합니다. 그런데 돌아와서 나라를 쟁탈했으니, 이것은 나라를 찬탈하는 것입니다. 그러므로 ≪춘추≫의 경문에서 '들여보냈다[納]'라고 썼습니다. '들여보냈다'라는 표현은 찬탈했다는 말입니다. 누가 오직 괴외만 죄악이 없었다고 말하겠습니까? 그렇다면 괴외가 나라를 찬탈하고 첩이 아버지를 막은 것은 모두 영공이 한 짓입니다. '모두 영공이 한 짓이다'라는 말은 영공이 살아 있을 적엔 자기 집안을 잘 다스리지 못했고 죽어서는 후사를 바르게 세우지 못했기 때문에 ≪춘추≫에서 세 사람을 모두 비판한 것입니다. 이것이 바로 성인께서 군신(君臣)의 관계를 바르게 하고 부자(父子)의 윤리를 밝혀 혼란을 구제하고 인륜을 도탑게 하려 하신 깊은 뜻입니다. 세상의 논설하는 자가 '백대의 명분을 바르게 했다'라고 말하는 것은 설명이 소략한 잘못이 있습니다"라 했다.

世子蒯聵論

正名者 傳嗣立嫡之謂也 爲國之道 莫大於傳嗣 傳嗣之道 莫大於立嫡 所以防僭亂而杜簒奪也 用能尊統傳緖 承承而不絶 故子路問於孔子曰 衛君待子而爲政 子將奚先 孔子以靈公無道 不能先正厥嗣 以靖其國 卒使蒯聵父子爭立 以亂於衛 故對曰必也正名乎 名不正則言不順 言不順則事不成 事不成則禮樂不興 禮樂不興則刑罰不中 刑罰不中則民無所措手足 謂諸此也 何以辨諸

按 春秋定十四年 衛世子蒯聵出奔宋 哀二年 晉趙鞅帥師納衛世子蒯聵於戚 蒯聵出奔宋者 蒯聵有殺母之罪 懼而奔宋

也 納衛世子蒯聵於戚者 靈公旣死 蒯聵爲輒所拒 不得入衛也 且蒯聵有殺母之罪 懼而奔宋 靈公固宜卽而廢之 擇其次當立者 以定嗣子之位也 靈公不能先定嗣子之位 故使公子郢得立輒於後 以亂於衛 夫蒯聵者 靈公之子也 輒者 蒯聵之子也 輒旣立 則蒯聵無以立矣 蒯聵無以立 則必反而爭其國 旣反而爭其國 則輒必拒之 輒旣拒之 是棄其父而立其子 敎其子以拒其父也 噫 君君臣臣 父父子子 邦國之大經也 彼則棄其父而立其子 敎其子以拒其父 君不君 臣不臣 父不父 子不子 禽獸之道也 人理滅矣 是故蒯聵出奔宋 納於戚 春秋皆正其世子之名而書之者 惡靈公而不與輒也 惡靈公者 惡其不能正厥嗣以靖其國 不與輒者 不與其爲人子而拒其父也

或曰 若蒯聵者 獨無惡乎 曰 蒯聵有殺母之罪 當絶 反而爭其國 是爲簒國 故經書納焉 納者 簒辭也 孰謂蒯聵獨無惡哉 然則蒯聵之簒國 輒之拒父 皆靈公爲之也 皆靈公爲之者 靈公生不能治其室 死不能正其嗣也 故春秋參譏之 此乃聖人正君臣明父子救昏亂厚人倫之深旨也 而世之說者 以爲正百世之名者 失之踈矣

시(詩)

밀랍 촛불

육룡이 서쪽으로 달려 엄자산에 들어가니,
조용한 궁궐에 물시계 바뀌는 때라.
한 치 붉은 마음 쓰일 때처럼,
재가 되어도 아무런 말이 없네.

蠟燭
六龍西走入崦嵫　寂寂華堂漏轉時
一寸丹心如見用　便爲灰燼亦無辭

8월 14일 밤에

은하수 소리 없이 빛으로 나타나 드리우니,
달이 처음 떠올라 둥글어지는 때라네.
맑은 술에 소박한 슬(瑟)로 먼저 감상해야 하니,
내일 밤엔 맑을지 흐릴지 알 수 없다네.

八月十四日夜
銀漢無聲露暗垂　玉蟾初上欲圓時
淸樽素瑟宜先賞　明夜陰晴不可知

학생들을 깨우쳐 줌

통찰해 보니, 천지가 무엇을 말하고 행하랴?
아득히 만물이 다투어 번성하네.
금수와 어패 각자 취향이 다르니,
헤쳐 빼앗고 움켜 때리며 뒤섞여 따르네.
사람도 그 사이 한 사물일 뿐이니,
배고프면 먹고 목마르면 마시며 그칠 때가 없네.
만약 도의로 자기 배를 채우지 않는다면,
어찌 금수가 편안히 늙는 것과 다르랴?
사람이 배울 적에 부지런하면 비로소 다다르게 되니,
부지런하지 않으면 다다르려 해도 기약할 수 없네.
맹가 순경 양웅도
당시에 모두 생지(生知)는 아니었으리.
연찬하고 흠앙하길 오래도록 그치지 않으니,
마침내 성인의 경지에 앞다투어 달려갔네.
배우기 시작했다면 원대한 경지까지 도달해야 하리니,
운율을 맞추고 문장을 다듬는 데에 빠지지 말라.
아! 사문이 쇠퇴한 지가 이미 오래되었으니,
힘써 말을 전하길[96] 생각해 위태로운 사문을 붙들라.

어리석음 일깨우고 논설을 내달려 대도를 밝혀,
자신을 주공·공자와 울타리가 되게 하라.
시비와 성쇠는 배우지 못한 듯,
삼가서 정신을 공연히 피로하게 말라.

諭學

冥觀天地何云爲 茫茫萬物爭蕃滋
羽毛鱗介各異趣 披攘攉搏紛相隨
人亦其間一物爾 餓食渴飮無休時
苟非道義充其腹 何異鳥獸安鬚眉
人生在學勤始至 不勤求至無由期
孟軻荀卿揚雄氏 當時未必皆生知
因其鑽仰久不已 遂入聖域爭先馳
旣學便當窮遠大 勿事聲病淫哇辭
斯文下衰吁已久 勉思駕說扶顚危

---

96) 말을 전하길 : ≪법언(法言)≫에 "하늘의 도가 공자에게 있으니 공자는 말을 전하는[駕說] 자다. 만약 모든 선비가 다시 그 말을 전하도록 한다면 목탁처럼 금구목설(金口木舌)이어야 할 것이다"라고 했다. 그러므로 원문의 가설(駕說)을 '말을 전하다'라는 뜻으로 해석했다.

擊暗馳聲明大道　身與姬孔爲藩籬
是非豐領若不學　愼無空使精神疲

부록

손명복 선생 묘지명 병서[97]

구양수(歐陽脩)[98]

　선생의 휘는 복(復), 자는 명복(明復), 성은 손씨(孫氏)이며, 진주(晉州) 평양(平陽) 사람이다. 젊을 때 진사시에 응시했으나 합격하지 못했다. 물러나 태산(泰山)의 남쪽에 살면서 ≪춘추(春秋)≫를 공부해 ≪춘추존왕발미(春秋尊王發微)≫를 저술했다. 노(魯) 지역은 학자가 많은데, 그중에서 더욱 현명하고 도(道)가 있는 이는 석개(石介)였다. 석개 이하의 사람들이 모두 제자로서 '선생을 섬

---

[97] ≪손명복소집≫에는 이 글이 실려 있지 않으나, 손복에 대한 이해를 돕기 위해 부록으로 실었다. 구양수(歐陽脩)의 ≪문충공집(文忠公集)≫ 권27에 <손명복선생묘지명(孫明復先生墓誌銘)>이라는 제목으로 실려 있다.

[98] 구양수(歐陽脩, 1007~1072) : 중국 북송의 인물로, 자는 영숙(永叔), 호는 취옹(醉翁)·육일거사(六一居士), 시호는 문충(文忠)이다. 관직은 한림학사(翰林學士)를 거쳐 참지정사(參知政事)에 이르렀다. 당대 최고의 문장가였으며, 당송 팔대가(唐宋八大家)의 한 사람이다. 문집으로 ≪문충공집(文忠公集)≫이 있다.

겼다. 선생은 나이가 마흔이 넘었지만, 집이 가난해 장가 들지 못했다. 승상 이적(李迪)이 동생의 딸[99]을 시집보내 리 했지만, 선생이 의심했다. 석개와 제자들이 나아와 "공경(公卿)이 선비에게 낮추지 않은 지가 오래되었습니다. 지금 승상이 선생님의 빈천을 개의치 않고 딸을 맡기려 하니, 이는 선생님의 올바른 행실을 높게 여긴 것입니다. 선생님께서는 이를 계기로 승상이 훌륭하다고 이름나는 것을 이루어 주심이 마땅합니다"라고 하자, 마침내 허락했다.

급사중(給事中) 공도보(孔道輔)는 사람됨이 강직하고 엄중해 함부로 남을 인정하지 않았는데, 선생의 풍모를 듣고 찾아가 만났다. 석개가 지팡이와 신발을 들고 좌우에서 모시면서 선생이 앉으면 서서 있고 계단을 오르내리며 절을 하면 부축했다. 선생이 공도보의 집에 가서 답례를 할 적에도 그렇게 했다. 노 지역 사람들이 평소에도 선생과 석개를 높게 여겼더니, 이 일로 인해 비로소 스승과 제

---

[99] 동생의 딸 : 다른 판본에는 '여(女, 딸)' 자가 '자(子, 자식)' 자로 되어 있다. 원문에는 이 내용이 본문의 주석으로 실려 있는데, 독자의 혼란을 줄이기 위해 주석으로 처리했다.

자의 예법을 알게 되었다고 찬탄하지 않는 사람이 없었다. 승상 이적과 급사중 공도보 역시 이 일로 사대부에게 칭송을 받았다.

그 후 석개가 학관(學官)이 되었을 때 조정에서 "선생은 은자가 아닙니다. 벼슬을 하려 했으나 방법을 얻지 못했습니다"라고 말했다. 그리고 경력(慶曆) 3년(1043) 추밀원(樞密院) 부사(副使) 범중엄(范仲淹)과 자정전(資政殿) 학사(學士) 부필(富弼)이 선생은 도학(道學)과 경술(經術)이 있는 사람으로 조정에 있어야 한다고 건의했다. 그리하여 선생을 불러 교서랑(校書郎) 국자감직강(國子監直講)에 제수했다. 이전에 이영각(邇英閣)에서 선생을 불러서 보고 ≪시경(詩經)≫을 해설하게 해 시강(侍講)을 삼으려 했으나, 시기하는 사람이 선생의 강설이 선유와 다른 것이 많다고 말해 결국 저지되었다. 경력 7년(1047) 서주(徐州) 사람 공직온(孔直溫)이 모반으로 체포되어 처벌을 받았다. 그의 집을 수색하다가 시를 얻었는데, 선생의 성명이 적혀 있었다. 연좌되어 감건주상세(監虔州商稅)로 좌천되고 사주(泗州)로 옮겨 갔으며, 다시 지하남부장수현(知河南府長水縣) 첨서응천부판관공사(簽署應天府判官公事) 통판능주(通判陵州)로 옮겼다. 한림학사 조개(趙槩) 등 10여 인이 "손 아무개는 행실이 세상의 법도가 되며 경술이 사람들의 스승이 됩니다. 먼 지역에 내버려 두어서는 안 됩니다"라고 건의해 다시 국자감직강이 되었다. 3년이 지난 가우(嘉祐) 2년(1057) 7월 24일에 병으로 집에서 운명했다. 향년 66세였다. 관직은 전중승(殿中丞)에까지 이르렀다.

선생이 태학(太學)에 있을 때 대리평사(大理評事)가 되었는데, 천자가 거둥해 붉은 명주로 만든 옷과 은어(銀魚)를 하사했다. 선생의 부음을 듣자, 측은히 여겨 집에 10만 전(錢)을 내려 주었다. 공경·대부·친구·태학 제생 등이 서로 함께 조문하고 곡했으며, 부의를 내어 상사(喪事)를 치렀다. 그리하여 같은 해 10월 27일에 운주(鄆州) 수성현(須城縣) 노천향(盧泉鄕)의 북호원(北扈原)에 장례를 지냈다.

선생은 ≪춘추≫를 연구할 적에 전주(傳註)에 현혹되지 않았으며, 잘못된 해설을 지어 경문(經文)을 어지럽히지 않았다. 선생의 설명은 간략하고 평이하며, 제후와 대부의 공로와 죄과를 밝혀 시대의 성쇠를 고찰하고 왕도(王道)의 치란을 미루어 드러냈으니, 경문의 본래 의미를 터득한 것이 많았다. 선생의 병이 심할 때 추밀사(樞密使) 한기(韓琦)가 천자에게 건의해 서리(書吏)를 선발해서 종이와 붓을 지급하고 문인 조무택(祖無擇)에게 명해 선생의 집에 가서 저서 15편을 얻어 기록하고 비각(秘閣)에 보관하게 했다. 선생의 외아들 대년(大年)은 아직 어리다.

명(銘)은 다음과 같다.

성인께서 돌아가시고 경문도 불태워졌으니, 달아나 감춰 빠지고 뒤섞인 채로 겨우 전해졌네.

많은 설이 이때를 틈타 근원을 어지럽히니, 기괴한 온갖 설들이 나와 진짜와 가짜를 뒤섞었네.

후생은 비루한 것에 얽매이고 전에 들은 것에 익숙해, 근심해 고치려 해도 중과부적이며,

종종 기름과 땔나무로 불길을 막으려는 격이있네.

용맹한 부자께서 뜬구름을 열어젖히고, 덮고 가린 것을 깎고 갈아 삼킨 것을 토하게 했으니, 해와 달이 마침내 회복되어 빛이 어둠을 깨뜨렸네.

넓구나! 공로와 이로움이 무한하도다. 선생의 사적을 고찰하려면 어찌 이 글에 있지 않겠는가?

孫明復先生墓誌銘 并序

先生諱復 字明復 姓孫氏 晉州平陽人也 少擧進士不中 退居泰山之陽 學春秋 著尊王發微 魯多學者 其尤賢而有道者 石介 自介而下 皆以弟子事之 先生年逾四十 家貧不娶 李

丞相廸 將以其弟之女 (一作子) 妻之 先生疑焉 介與羣弟子進曰 公卿不下士 久矣 今丞相不以先生貧賤 而欲託以子 是高先生之行義也 先生宜因以成丞相之賢名 於是乃許 孔給事道輔 爲人剛直嚴重 不妄與人 聞先生之風 就見之 介執杖屨 侍左右 先生坐則立 升降拜則扶之 及其往謝也 亦然 魯人旣素高此兩人 由是始識師弟子之禮 莫不歎嗟之 而李丞相孔給事 亦以此見稱於士大夫

其後介爲學官 語于朝曰 先生非隱者也 欲仕而未得其方也 慶曆三年 樞密副使范仲淹 資政殿學士富弼 言其道德經術宜在朝廷 召拜校書郞國子監直講 嘗召見邇英閣說詩 (一有且字) 將以爲侍講 而嫉之者 言其講說多異先儒 遂止 七年 徐州人孔直溫 以狂謀捕治 索其家得詩 有先生姓名 坐貶監虔州商稅 徙泗州 又徙知河南府長水縣簽署應天府判官公事通判陵州 翰林學士趙槩等十餘人上言 孫某 行爲世法 經爲人師 不宜棄之遠方 乃復爲國子監直講 居三歲 以嘉祐二年七月二十四日 以疾卒于家 享年六十有六 官至殿中丞

先生在太學時 爲大理評事 天子臨幸 賜以緋衣銀魚 及聞其喪 惻然予其家錢十萬 而公卿大夫朋友太學之諸生 相與弔哭 賻治其喪 於是以其年十月二十七日葬 先生於鄆州須城縣盧泉鄉之北扈原

先生治春秋 不惑傳註 不爲曲說以亂經 其言簡易 明於諸侯大夫功罪 以考時之盛衰 而推見王道之治亂 得於經之本義爲多 方其病時 樞密使韓琦 言之天子 選書吏 給紙筆 命其門人祖無擇 就其家 得其書十有五篇 錄之藏于秘閣 先生一子大年 尚幼

銘曰

聖旣歿經更遭焚 逃藏脫亂僅傳存 衆說乘之汩其原 迂怪百出雜僞眞 後生牽卑習前聞 有欲患之寡攻群 往往止燎以膏薪 有勇夫子闢浮雲 刮磨蔽蝕相吐吞 日月卒復光破昏 博哉功利無窮垠 有考其不在斯文

해 설

태산(泰山)과 송초 삼선생(宋初三先生)

태산에 오르며 학문을 생각하다

 '태산'이라는 단어를 떠올렸을 때, 사람들은 어떠한 생각이나 사실을 떠올리게 될까? 일반적으로 '태산이 높다 하되 하늘 아래 뫼이로다'라는 시조 구절이나, '티끌 모아 태산'이라는 속담을 쉽게 연상할 것이다. 이 시조 구절과 속담에서 묘사하고 있는 태산은 높고 큰 이미지를 가지고 있다. 그렇다면 대부분의 사람 마음속에 내재해 있는 태산의 이미지는 이러한 연상에서 크게 벗어나지 않을 것이다.
 태산은 높고 크다. 하지만 태산의 진면목은 그것이 전부일까? 자연 지리적 높이와 크기만으로 태산을 모두 알았다고 말할 수 있을까? 그럴 수는 없다. 한 사람에 대해

안다고 말할 때도 그 사람의 키와 몸무게만으로는 설명할 수 없듯이, 하나의 산도 외형적 모습만으로는 진정한 의미와 가치를 그려 낼 수 없다. 그러므로 필자는 이 글을 작성하면서 외형적 모습의 태산이 아니라, 태산의 이면에 담겨 있는 학문적 전통을 대략이나마 이해하려고 노력했다.

그것은 바로 태산의 남쪽 기슭에서 가난과 어려움 속에서도 진실한 마음과 성실한 자세로 강학한 호원(胡瑗, 993~1059)·손복(孫復, 992~1057)·석개(石介, 1005~1045) 등의 '송초 삼선생(宋初三先生)'을 통해서다. '아름다운 명산(名山)은 훌륭한 인물을 길러 내고, 훌륭한 인물은 명산의 빼어남을 길이 전한다'라는 말을 태산과 송초 삼선생의 관계에서 여실하게 확인할 수 있다. 태산이 가진 역사적·학문적 높이와 크기가 외형적 모습보다 훨씬 더 웅장하다는 사실을 알게 된다.

오현사(五賢祠)의 문을 두드리다

송초 삼선생에 관해 살펴보기 전에, 먼저 태산 능한봉(凌漢峰) 아래에 자리하고 있는 '오현사(五賢祠)'라는 사당을 소개하려 한다. 오현사는 송초 삼선생과 태안(泰安,

지금의 산둥성 타이안) 출신의 두 현인을 모시고 있는 곳이다. 이 사당의 공간을 통해 송초 삼선생이 생존한 역사적 시간으로 걸어 들어가는 통로로 삼고 싶기 때문이다.

오현사를 찾아가려면 부근에 있는 오래된 사찰인 보조사(普照寺)로부터 설명하는 것이 좋을 듯하다.

보조사의 창건 연대는 육조(六朝) 또는 당송(唐宋)이라는 두 가지 설이 있으며, 명나라 영락(永樂) 연간에 고려의 승려 만공(滿空)이 주지로 있으면서 중흥했다고 전하는 사찰이다. 보조사에서 서북쪽으로 가다 보면, 'S' 형으로 굽이진 길을 세 차례 지나게 된다. 첫 번째 굽이진 길은 자오교(子午橋)로부터 와상석(臥象石)에 이르기까지이며, 두 번째는 와상석부터 삼공교(三孔橋)까지, 세 번째는 삼공교로부터 석백문(石柏門)까지다.

드디어 석백문을 지나 돌로 만든 36계단을 올라가면 오현사가 언덕진 곳에 자리하고 있는데, 그 뒤에는 크고 높다란 바위들이 우뚝하게 솟아 있다. 오현사는 양쪽에 계곡을 끼고 있는 높은 지대에 위치하고 있으며, 정면을 제외한 삼면이 산으로 둘러싸여 있다.

오현사의 전신(前身)은 태산 서원(泰山書院)이었다. 태산 서원은 북송 초기에 건립된 사학(私學)으로 손복(孫復)이 강학하던 곳이었다. 경우(景祐) 2년(1035)에 손복

보조사 본당

와상석

은 석개(石介)의 도움으로 태안(泰安)에 와서 강학했으며, 경우 4년(1037)에 동악묘(東嶽廟) 동남쪽의 백림지(柏林地)에 학관을 세워 '신도당(信道堂)'이라고 스스로 이름 지었다. 나중에 대묘(岱廟)를 확장하면서 신도당의 터가 대묘의 경지에 들어가게 되었으므로, 손복이 다시 태산의 남쪽 기슭으로 가서 새로이 터를 잡고 건물을 세웠다. 이곳이 바로 '태산 서원'이며, '태산 상서원(泰山上書院)'이라고도 일컬어졌다. 당시 강남(江南)의 이름난 학자였던 호원(胡瑗)이 손복의 명성을 듣고 찾아와 이곳에서 함께 강학했으며, 석개는 제자의 예로써 손복을 극진히 섬겼다. 그리하여 태산 서원은 북송 초기의 뛰어난 석학인 손복·호원·석개 등에 의해 그 이름이 널리 알려졌다.

그러나 명나라 이후로 서원에서 사당으로 개칭되었다. 명나라 가정(嘉靖) 연간에 손복과 석개를 사당에 모셨는데, 이름을 '앙덕당(仰德堂)'이라 했으며, '이현사(二賢祠)'라고 불리기도 했다. 융경(隆慶) 3년(1569)에 산동제학(山東提學) 추선(鄒善)이 앙덕당을 중수하고 호원을 추가로 모시면서 '삼현사(三賢祠)'로 이름을 바꾸었다. 청나라에 이르러 지현(知縣) 서종간(徐宗干)이 태안 출신의 명대인 송도(宋燾, 1572~1614)와 청대인 조국린(趙國麟, 1673~1751)을 함께 모셔 '오현사'로 개명했다.

오현사

추선의 성명이 각자되어 있는 수경대

오현 중에서 손복·호원·석개 등 세 사람에 대해서는 다음의 장에서 상세히 이야기할 것이므로, 여기서는 송도와 조국린의 생애를 간략하게 살펴보기로 한다.

송도의 자는 대예(岱倪), 호는 역전(繹田)·청암(青巖)이며, 산동 태안 사람이다. 어릴 적에 양친이 모두 돌아가셔서 형 송서전(宋緒田)이 그를 양육했다. 1601년 진사에 급제해 어사(御史)·순무강남(巡撫江南) 등을 역임했다. 1607년 가을, 강서참정(江西參政) 강사창(姜士昌)이 직언하다가 배척을 당하자 송도가 상소를 올려 그를 위해 신원하고 이정기(李廷機) 등의 잘못을 지적해 비판했다. 이 일로 인해 신종(神宗)의 노여움을 사서 평정주판관(平定州判官)으로 좌천되었는데, 얼마 지나지 않아 벼슬을 그만두고 고향으로 돌아왔다. 태성(泰城) 영지가(靈芝街)의 청암거(青巖居)에서 강학하며 여생을 보냈다. 왕집(王楫) 등이 그의 문하에서 배출되었다. 1614년 병으로 일생을 마쳤으며, 광록소경(光祿少卿)에 봉해졌다. 저술로 ≪태산기사(泰山記事)≫, ≪대하소사(岱下小史)≫, ≪주지보유(州志補遺)≫, ≪청암거초(青巖居草)≫, ≪낙화전운(落花全韻)≫ 등이 있다. 그와 관련한 자료는 1634년에 왕집이 지은 <송역전선생전(宋繹田先生傳)>이 있으며, 청나라 학자 주문광(周文光)이 지은 <배역전선생묘(拜繹

田先生墓)>라는 시가 세상에 전한다.

조국린도 산동 태안 사람이다. 출사하기 이전에, 송도가 강학한 청암서 옛터에다 청암의사(青巖義社)를 창건했는데, 이후에 청암 서원(青巖書院)으로 이름이 바뀌었다. 1709년 진사가 되어 1724년 영평지부(永平知府)에 제수되었으며, 1730년 복건순무(福建巡撫)로 승진했다. 1738년 형부상서(刑部尙書)에 발탁되었고, 그다음 해에 문화전태학사(文華殿太學士) 겸 예부상서(禮部尙書)가 되었다. 1741년 벼슬에서 물러날 것을 청했지만 건륭제(乾隆帝)의 만류로 그대로 머물렀는데, 오래지 않아 탄핵을 받아 예부시랑(禮部侍郞)으로 강등되었다. 그 후로 여러 차례 벼슬에서 물러나기를 요청했다가 건륭제의 노여움을 사서 관직이 삭탈되기도 했다. 결국 1743년에 고향으로 돌아가는 것을 허락받아 돌아왔다. 그는 학문을 향한 뜻이 독실했으며, 고금의 역사에 대한 것뿐만 아니라 일상의 다양한 일들에 대해서도 박식했다. 그가 청암의사에서 강학할 때 배우러 온 이들이 수백 명에 달했다고 한다.

송초 삼선생(宋初三先生), 그 삶의 자취와 저술

황종희(黃宗羲)가 편찬한 ≪송원학안(宋元學案)≫을 새로이 정리해 91개 학안으로 편집한 청나라 때의 학자 전조망(全祖望)은 호원과 손복의 학문에 대해, "송나라 때 학술의 성대함은 안정(安定) 호원(胡瑗)과 태산(泰山) 손복(孫復)이 선하(先河)를 이루었다. 정자(程子)·주희(朱熹) 두 선생도 모두 그렇게 생각했다. 안정은 침잠했고 태산은 고명했으며, 안정은 독실했고 태산은 강건했다. 그리하여 각자 자기 성품에 가까운 바를 얻었으나, 우리 도를 전하려고 노력한 점에서는 같다"라고 평가했다.

또한 구양수(歐陽脩)는 <호선생묘표(胡先生墓表)>에서, "스승의 도가 쇠퇴한 지 오래되었더니, 경우(景祐)와 명도(明道) 연간 이래로 배우는 자들이 스승을 얻게 되었다. 오직 선생[호원]과 태산의 손복·석개, 이 세 사람이 그들이다"라고 평가했다. 황진(黃震)은 "송나라가 세워진 지 80년 만에 안정(安定)의 호원 선생, 태산의 손복 선생, 조래(徂徠)의 석개 선생이 스승의 도로써 바른 학문을 밝혔다. 이어서 염락[濂洛, 주돈이(周敦頤)와 정호(程顥)·정이(程頤)]의 학문이 흥했다. 그러므로 송나라의 이학(理學)은 이락[伊洛, 정호·정이]에 이르러서야 정교해졌지만, 그 싹은 실로 이 세 선생에서부터 발단한 것이다. 그러므로 주희(朱熹)가 '이천[伊川, 정이(程頤)]은 감히 이 세 선생을 잊지 못했다'고 말했던 것이다"라고 서술했다.

전조망·구양수·황진 등 세 명의 후대 학자가 호원·손복·석개 등에 대해 평가한 말을 살펴본다면, 송초 삼선생이 후대의 학자들에게 끼친 영향이 매우 지대하며, 특히 정주학(程朱學)이 형성하는 데 중요한 기틀을 마련해 주었다는 사실을 알 수 있다. 따라서 태산에서 함께 학문과 수양에 각고의 노력을 기울였던 송초 삼선생은 정주학의 선하(先河)를 이루었다고 평가할 수 있다. 그리고 정주학이 송나라 때에만 흥성한 것이 아니라 원·명·청에 이르기까지 헤아릴 수 없이 많은 학자와 학파에 의해 줄기차게 계승된 사실을 생각해 볼 때, 송초 삼선생의 학문이 중국 학술계에 미친 영향이 얼마나 큰 것인가를 가늠해 볼 수 있다. 송초 삼선생의 생애에 대해 살펴본다.

호원(胡瑗, 993~1059)
어려움 속에서도 안연처럼 공부하다

호원의 자는 익지(翼之), 호는 안정(安定)이며, 지금의 장쑤성 타이저우(泰州) 루가오(如皐) 사람이다. 영해절도추관(寧海節度推官)을 지낸 호눌(胡訥)의 아들이다. 7세에 벌써 글을 잘 지었고, 13세 때 오경(五經)에 통달했다. 집안이 가난해 스스로 생활비를 댈 수 없어 태산에 가서 손복, 석개와 함께 10년 동안 공부했는데, 거친 음식을 먹고 밤새도록 잠자리에 눕지 않으면서 가난과 어려움 속에서도 각고의 노력을 쏟았다고 한다.

뒤에 오중(吳中) 지역에서 학생들에게 경전을 가르쳤는데, 범중엄(范仲淹, 989~1052)이 그를 소주(蘇州)의 교수로 초빙했다. 경우 연간 초에 아악(雅樂)을 개정할 때, 범중엄이 그를 조정에 천거해 백의(白衣)로서 천자를 알현했다. 이후 비서성교서랑(秘書省校書郎)·보령절도추관(保寧節度推官) 등을 역임했다. 호주(湖州)의 수령 등종량(滕宗諒)이 그를 교수로 초빙하자, 정학(正學)을 창도해 밝히고 스스로 학생들에게 솔선수범했다.

그는 아무리 더워도 공복(公服)을 입고 당상(堂上)에 앉아 있었고, 사제 간의 예를 엄중히 했다. 경의재(經義齋)와 치사재(治事齋)를 설립해 경의재에서는 육경(六經)을 강학하게 하고, 치사재에서는 한 사람이 한 가지 일을 전공하면서 다른 한 가지 일을 겸해 공부하게 했다. 호원은 이 같은 학교 제도를 시행해 20여 년 동안 한결같이 성실한 자세로 학생들을 가르쳤는데, 이후 경력 연간에 천자가 조서를 내려 그의 강학하는 법을 취해 태학에 적용하기도 했다.

경력 연간에 인종(仁宗)이 소주와 호주에 조서를 내려 모범이 될 만한 사람을 선발해서 올려보내라고 할 때 발탁되어 태학(太學)의 책임자가 되었으며, 다시 국자감(國子監)의 직강(直講)이 되었다. 가우 연간 초에 태자중윤(太子中允)과 천장각(天章閣)의 중강(中講)에 발탁되었지만, 오로지 태학의 일에만 전념했다. 이때 사방의 선비들이 태학으로 몰려들었다. 정이(程頤)가 배운 것도 이 무렵의 일이다. 호원이 '안연이 좋아한 것은 어떤 학문인가? (顔子所好何學)'라는 제목으로 학생들에게 문제를 낸 적이 있었다. 그때 정이의 답안이 가장 우수했기 때문에 호원이 그를 면담했는데, 이야기를 하는 동안 더욱 정이의 실력에 탄복해 학관에 추천해 주기도 했다. 정이도 호원의 인물됨에 감복해 그에게는 사람을 가르치는 법도가 있다고 칭송했다. ≪송원학안≫에는 호원이 태학에서 교육하는 모습을 자세하게 서술하고 있다.

선생이 처음 직강이 되었을 때는 오로지 학교의 행정만을 관장하리라 생각했으나, 마침내 정성을 미루어 많은 학생을 가르치게 되었다. 사람의 인물됨을 잘 분별했으므로, 경술을 숭상하기를 좋아하는 사람, 병법을 말하기를 좋아하는 사람, 문예를 좋아하는 사람,

절의를 숭상하기를 좋아하는 사람 등을 구분해 부류에 따라 강학하게 했다. 또한 선생이 때때로 그들을 불러 자신이 배운 것을 논하게 해 그 이치를 정해 주었다. 간혹 선생이 스스로 하나의 주제를 내어 사람들이 각각 대답하게 해 그 가부를 말해 주었다. 때로는 당시의 정치에 관해 논해 올바른 것을 가릴 수 있게 했다. 그러므로 사람들이 모두 즐거이 따르며 효과를 이룰 수 있었다. 조정의 이름난 신하 중에서 상당한 수가 그의 문도였다.

병으로 태상박사(太常博士)를 마지막으로 벼슬을 그만두었는데, 고향으로 돌아갈 때 제자들의 전송 행렬이 100여 리에 이어졌다고 한다. 1059년 6월에 별세하니, 향년 67세였다. 문소(文昭)라는 시호가 내려졌다. 학자들이 그를 '안정(安定)'이라고 호칭했는데, '안정'은 호원의 집안이 대대로 산 곳의 지명이다. 저술로 ≪역의(易義)≫, ≪서의(書義)≫, ≪중용의(中庸義)≫, ≪경우악의(景祐樂議)≫ 등이 있다. 이 중에서 ≪역의≫에 대해, 조공무(晁公武)가 "호원의 ≪역의≫는 매우 상세하다. 대체로 제자인 예천은(倪天隱)이 편찬한 것이다. 그러므로 서술의 첫머리에 '선생왈(先生曰)'이란 말이 붙어 있다"라고 설명했으며, "정이의 ≪주역≫에 관한 주석은 호원의 설과 매우 비슷하다"라고 비교하기도 했다.

손복(孫復, 992~1057)
공자의 마음을 헤아려 ≪춘추≫의 대의를 밝히다

손복은 호원과 함께 그 명성을 나란히 했으며, 송학(宋學)의 선구자로 일컬어진다. 그의 자는 명복(明復), 호는 태산(泰山)·부춘(富春)이며, 지금의 중국 산시성(山西省) 핑양(平陽) 사람이다. 네 번 과거 시험을 쳤으나 급제하지 못하자, 물러나 태산의 남쪽 기슭에서 살았다. 그러므로 사람들이 그를 '태산'이라고 호칭했다. 석개(石介)는 산동 지방에서 저명한 사람이었는데, 몸소 제자의 예를 갖추고 그를 스승으로 모시며 배웠다. 석개는 손복의 지팡이와 신발을 들고 곁에서 모시면서, 손복이 앉으면 자신은 서 있고, 손복이 절하고 일어서면 즉시 그를 부축했다. 이 모습을 본 당시 사람들은 비로소 스승과 제자 간의 예의가 무엇인지를 알고 감탄했다고 한다. 손복은 40세가 될 때까지 결혼하지 못했다. 승상 이적(李迪)이 그의 현명함을 알아보고 동생의 딸을 시집보냈다.

석개가 학관(學官)이 되자 <명은편(明隱篇)>을 지어 '손복이 태산에 은거해 주공(周公)과 공자(孔子)의 도를 닦은 것은 홀로 그 한 몸만을 깨끗하게 하려는 것이 아니라, 세상을 이롭게 하려는 것'이라 밝히고, 손복을 적극적으로 추천했다. 그리고 범중엄과 부필(富弼)의 추천으로 국자감직강에 제수되고, 이영전(邇英殿)의 지후설서(祗候說書)가 되었다. 하지만 손복의 학설이 이전의 학자들과 많이 다르다는 이유로 양안국(楊安國)이 주청해 파직되었다. 또한 서주(徐州) 사람인 공직온(孔直溫)이 모반을 꾀하다가 잡혔는데, 그의 집을 수색하는 과정에서 손복의 이름이 적힌 시가 나왔다. 이 일로 손복은 다시 좌천을 당했다. 그 후 한림학사 조개(趙槩)의 주청으로 다시 직강이 되고 전중승(殿中丞)으로 이임되었다. 1057년 7월 24일 별세하니, 향년 66세였다.

저술로 ≪춘추존왕발미(春秋尊王發微)≫ 12권이 있다. 석개가 지은 <태산서원기(泰山書院記)>에 따르면, "선생은 '공자의 마음을 다 표현한 것은 위대한 ≪주역≫이며, 공자의 적용을 다 펼친 것은 ≪춘추≫다. 위대한 이 두 경전은 모두 성인의 지극한 필치이며, 세상을 다스리는 훌륭한 법도다'라고 생각했다. 그리하여 ≪역설(易說)≫ 64편과 ≪춘추존왕발미≫ 12편을 지었다"라고 서술되어 있다. 그런데 ≪춘추존왕발미≫는 현존하지만 ≪역설≫은 전하지 않는다.

≪춘추존왕발미≫의 특색은 ≪춘추≫에 관한 이전의 전주(傳注)에 의존하지 않고, ≪춘추≫에 내포된 공자의 뜻을 직접 이해하는 것을 목표로 삼았다. 당나라 때 담조(啖助)·조광(趙匡)·육순(陸淳) 등의 세 학자가 이러한 특색을 가지고 있었으니, 손복의 ≪춘추존왕발미≫는 이들의 영향을 받은 것이라 볼 수 있다. 그리고 이 책의 핵심은 첫째, ≪춘추≫는 주왕(周王)을 높이는 대의(大義)를 드러내고자 한 것이므로, 임금과 신하의 명분에 관해 특별히 주의를 기울이고 있다는 것이다. 둘째, ≪춘추≫에서는 비난하는 일은 있되 칭찬하는 일은 없다고 한다. 손복의 견해에 따르자면, ≪춘추≫를 지은 공자의 뜻은 난신적자(亂臣賊子)를 두렵게 하는 데에 있다는 것이다. 그러므로 ≪춘추≫에 실린 것은 모두 도덕상의 규율을 위배한 것일 뿐이며, 하나의 기사에는 반드시 하나의 비난하는 뜻이 그 속에 담겨 있다는 것이다. 그리하여 손복은 각각의 기사에 어떠한 비난하는 뜻이 담겨 있는가를 밝혔다.

이와 같은 ≪춘추존왕발미≫에 대해, 구양수는 "선생의 ≪춘추≫ 연구는 주석에 현혹되지 않았고 왜곡된 이론으로 경전을 어지럽히지도 않았다. 그의 말은 간단하고 쉬우나, 제후와 대부의 공적과 죄상을 밝혀 한 시대가 어떻게 번성하고 쇠퇴했는지를 고찰하고 이것에 근거해 왕도(王道)로 인해 다스려지고 패도(霸道) 때문에 혼란하게 됨을 추론했다. 따라서 이 경전이 가지고 있는 본래의 의미를 얻은 것이 많았다"라고 높이 평가했다.

≪사고전서총목제요(四庫全書總目提要)≫에는, "위로는 육순을 계승하고 아래로는 호안국(胡安國)을 깨우쳐 준 점이 '≪춘추≫에는 칭찬은 없고 비판만 있다'라는 주장이니, 대체로 이것은 엄청 각박함을 위주로 하는 것이다. 조공무의 ≪군재독서지(郡齋讀書志)≫에는 다음과 같은 상질(常秩)의 말을 수록하고 있다. '손복이 ≪춘추≫에 주를 단 것은 상앙(商鞅)이 제정한 법과 같이 가혹하다. 그 법에 따르면, 길에 재를 뿌리는 사람은 형벌을 주고 보도에서 6척을 벗어나면 사형에 처했다. 손복의 주석도 대체로 독실한 논의였다. 그러나 송대의 여러 유자는 가혹한 논의를 즐겨서 서로 함께 그런 논의를 밀고 나가 끝없이 올라갈 뿐 되돌아올 줄을 몰랐다. 마침내 공자 문하의 쓸 것은 쓰고 삭제할 것은 삭제한다는 원칙을 변형해 (무차별적으로 죄 있는 자는 모조리) 그물질해 얽어 넣는 경전으로 만들어 버렸다. … 지나치게 깊이 그 의미를 탐구하다가 오히려 ≪춘추≫의 본래 의미를 잃게 된 것은 참으로 손복으로부터 시작된 것이다. 그 사이에 명분을 따지고 혐의를 가려내며 흥하느냐 망하느냐 다스려지느냐 혼란

해지느냐가 갈리는 계기에 대해서도 종종 밝혀낸 부분이 있었지만, 전체적으로 살펴본다면 결국 이른바 "장점이 난점을 다 넢지 못한 것"이라고 했다'"라고 서술되어 있다.

≪춘추존왕발미≫에 관한 여러 학자의 평을 종합한다면, 이 책이 가지는 의의와 한계를 충분히 이해할 수 있다. 손복은 공자가 ≪춘추≫를 지은 마음을 유추해 주나라 천자를 존숭하고 난신적자를 두렵게 하고자 한 뜻을 밝혔다. 이것은 육순을 계승해 호안국의 ≪춘추호씨전≫이 성립하는 데에 중요한 영향을 끼친 것으로, 춘추학사(春秋學史)에서 그 의미가 지대하다고 평가할 수 있다. 하지만 ≪춘추≫를 해석하는 관점이 '비판'에만 고정되어 있으므로, 상상의 법치만큼이나 그 학설이 각박하고 관용성이 부족하며, 종종 견강부회해 본래의 의미를 왜곡하기도 했다. 이러한 점은 ≪춘추존왕발미≫가 가지고 있는 한계점이라 하겠다.

석개(石介, 1005~1045)
높은 학문과 우뚝한 절개로 태산학파를 계승하다

≪송원학안≫과 ≪송원학안보유≫에 근거해, 손복에 의해 형성된 태산학파(泰山學派)의 학맥도(學脈圖)를 그려 보자면 다음과 같다.

태산학파 학맥도

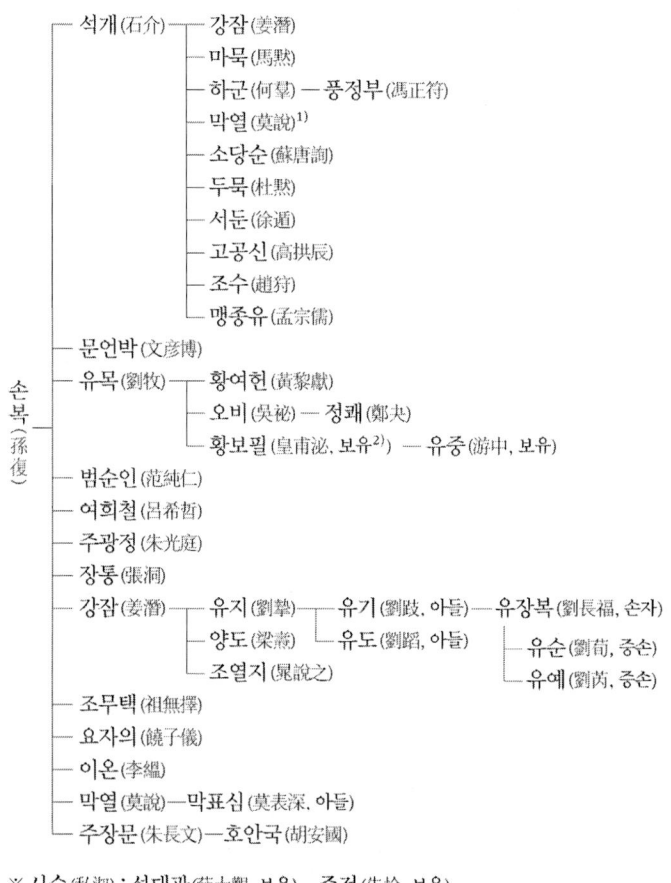

1) 막열(莫說) : 손복에게 배우고 석개에게도 수학했으므로, 두 사람의 제자로 모두 표시했다.
2) 보유 : ≪송원학안보유≫를 말한다.

이 학맥도에서 볼 수 있듯이, 손복의 학문은 송나라 초의 석개로부터 원나라 때의 조백계(曹伯啓, 1255~1333)에 이르기까지 수많은 학사에 의해 유구히 이어져 갔다. 하지만 태산학파의 학자 가운데 손복의 곁에서 가장 오랫동안 모시면서 그의 학문과 사상을 온전히 계승한 이를 꼽는다면, 석개가 당연히 첫째가 될 것이다.

석개의 자는 수도(守道)·공조(公操)이며, 지금의 중국 산둥성 펑푸(奉符) 사람이다. 1030년 진사가 되어 운주(鄆州)와 남경(南京)의 추관(推官)을 지냈으며, 먼 곳으로 부임할 수 없는 아버지를 대신해 가주(嘉州)의 군사판관이 되기도 했다. 1035년 석개의 요청에 따라 손복은 태산에 와서 강학을 하게 되었다. 당시에 석개는 장동(張洞)·이온(李縕) 등과 함께 손복을 제자의 예로써 섬겼으며, ≪춘추≫를 배웠다. 이것이 바로 태산학파가 형성된 시작이라 할 수 있다. 1041년 부모의 상을 당해 관직을 버리고 조래산(徂徠山) 아래에서 몸소 밭을 갈면서 생활했는데, 사람들이 그를 '조래 선생'이라 일컬었다. 석개는 그곳의 마을 사람들에게 상례(喪禮)의 예법을 가르쳐 주었으며, 배우러 오는 학생들에게 ≪주역≫을 강의했다.

상례를 마치자 조정의 부름을 받아 국자감직강에 제수되었다. 그가 태학에서 선생의 직분을 극진히 수행해 학생들을 가르치자, 따르는 제자가 매우 많았다. 당시 사람들이 문장만 잘 지으려는 폐단에 빠지고 불교와 도교가 좀벌레처럼 해를 끼치는 것을 근심해 <괴설(怪說)> 3편과 <중국론(中國論)>을 지었다.

그때 군대를 동원해 서하(西夏)의 원호(元昊)를 토벌했으나 오랫동안 별다른 전과가 없었으며, 전국적으로 궁핍이 몰아닥쳤다. 이에 인종은 분발해 위엄과 덕망을 떨치고자 해서 두세 명의 대신을 교체하고, 간관(諫官)과 어사(御使)의 수를 늘렸다. 여이간(呂夷簡)은 재상에서 파직되고, 하송(夏竦)은 추밀사에서 파직되었다. 그리고 범중엄·부필·두연(杜衍)·장득상(章得象)·안수(晏殊)·한기(韓琦) 등이 동시에 집정(執政)이 되었고, 구양수·여정(余靖)·왕소(王素)·채양(蔡襄) 등이 함께 간관이 되었다. 인종의 이러한 인사 개편에 대해, 석개는 훌륭한 일이라고 기뻐하면서 '훌륭한 인물을 많이 등용하니, 얽힌 풀뿌리가 함께 뽑히는 것과 같다. 매우 간사한 자들이 제거되니, 며느리발톱이 빠지는 것과 같다'라는 경력(慶曆)의 성덕(盛德)에 관한 시를 지었다. 그런데 손복은 이 시를 본 후, "그대의 재앙은 이로부터 시작될 것이다"라고 충고했다. 석개는 불안해 외직을 요청해 복주통판(濮州通判)에 임명되었으나, 1045년 7월 부임하기도 전에 세상을 떠났다. 저술로 ≪당감(唐鑑)≫, ≪조래역해(徂徠易解)≫, ≪조래집(徂徠集)≫ 등이 있다.

석개의 사후에 공직온이 모반을 꾀하다가 잡혔는데, 그의 집을 수색하는 과정에서 석개의 편지가 나왔다. 그러자 하송은 보복하기 위해 두연 등을 모함하는 한편, 석개가 그 모반 사건에 연루되어 거짓으로 죽은 척해 장례를 지내고 북쪽으로 가서 거란에 투항했다고 무고했다. 그리고 석개가 정말 죽었는지 그 무덤을 파 보기를 요청했다. 두연이 아는 관리들에게 부탁해 간신히 석개의 관이 열리는 일은 막았다. 하지만 화가 그의 자제들에까지 미쳤다. 석개는 기상이 엄격해 불의를 몹시 미워했으므로, 간사한 무리 때문에 핍박을 받은 것이다.

그리고 전조망은 <태산학안서록(泰山學案序錄)>에서 석개의 학문과 절개가 손복으로부터 영향을 받은 것임을 다음과 같이 밝히고 있다.

태산 손복은 안정 호원과 10년을 함께 수학했으나 성취한 바는 각자 달랐다. 안정이 겨울날의 해와 같다면, 태산은 여름날의 해와 같다고 하겠다. 예컨대 안정의 문인 중거(仲車) 서적(徐積)은 완연히 안정의 풍격을 지녔지만, 태산의 고제인 수도(守道) 석개(石介)

는 완악하고 유약한 이들을 떨쳐 일어나게 했으니, 우뚝한 기상이 배나 힘이 있었다. 또한 이 두 학문의 연원이 뒤섞이지 않고 확연히 구분됨을 알 수 있다.

송초 삼선생, 정주학의 선하(先河)를 이루다

호원·손복·석개 등의 세 선생은 정주학의 학문적 기풍을 열었는데, 구체적으로 그것을 나열해 보자면 크게 네 가지로 말해 볼 수 있다. 첫째, 곤궁한 처지에서도 열심히 공부했다. 호원은 집안이 가난해 자급조차 할 수 없었으므로, 태산에 가서 손복·석개와 함께 공부했다. 그는 공부는 열심히 하면서도 먹는 것은 형편없었다. 밤새도록 잠자지 않았고, 한번 눌러앉자 10년 동안이나 집에 돌아가지 않았다. 집에서 보내온 편지를 받았는데, 거기에 '평안(平安)'이라는 두 글자가 적혀 있는 것을 보고는 곧장 시냇물 속에 던져 버렸다. 마음을 어지럽힐까 걱정했기 때문이다.

손복은 두 번 범중엄을 만났는데, 범중엄은 두 번 모두 그에게 돈을 주었다. 또 손복이 늙은 모친을 제대로 공양할 수 없어 학업을 포기하려 하자, 범중엄은 그에게 학직

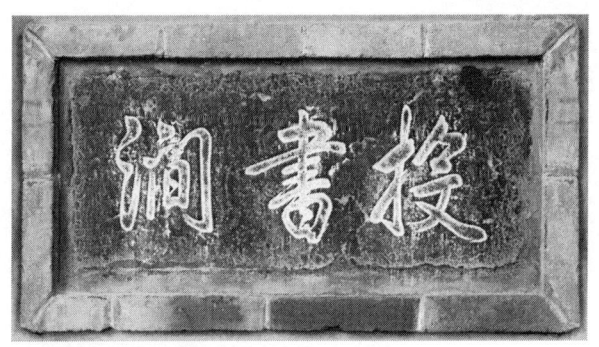

호원이 시냇물에 편지를 던졌다는 뜻의 '투서간(投書澗)' 각자

(學職)을 마련해 주어 일정한 급여를 받을 수 있도록 배려했다. 그리하여 손복은 학문을 성취할 수 있었다. 또한 석개는 청년 시절에 곤궁한 처지에서도 열심히 공부하는 모습이 세상 누구와도 비교할 수 없었다고 한다. 이처럼 송초 삼선생이 곤궁한 처지에서도 열심히 공부했다는 사실은 귀족 출신 학자들과는 생활의 역정과 배경에서 크나큰 차이를 가지는 것이다. 바로 이러한 점들은 그들이 가진 정치, 윤리, 문화 등의 관점에서 뚜렷하게 나타났으며, 후대의 학자들에게 끼친 감동과 영향이 클 수밖에 없는 요인이 되었다.

둘째, 도를 숭상하고 문장을 억눌렀다는 점이다. 호원은 성인의 도가 체(體)·문(文)·용(用) 세 가지를 모두 포함한다고 생각했다. 그중에서 '체'는 가치 원칙을 가리키고, '문'은 경전 체계이며, '용'은 체와 문을 사회에서 실천할 때 발생하는 효용이다. 호원은 '본체를 밝히고 작용에 통달하는 학문(明體達用之學)'을 강조했는데, 그가 말하는 본체는 '인의예악(仁義禮樂)'의 도다. 이것은 후대의 도학자가 '도를 밝히는 일'을 주요한 사명으로 삼는 점과 서로 통한다. 그리고 정호가 '명도(明道)'라는 시호로 불린 것과 긴밀한 연관성을 가지고 있다. 석개는 <괴설> 3편을 지어 문장과 불교·도교를 세 가지 괴상한 것으로 지적했다. 특히 이 셋 중에서 문장을 우두머리로 삼아 공연히 화려하기만 한 과장된 문학 풍조를 강력히 비판했으며, 유교의 도를 숭상할 것과 무용한 문장을 폐기할 것을 주장했다. 그는 오직 도통(道統)만을 인정했으며, 도통 이외의 문통(文統)을 인정하지 않았다.

셋째, 경전을 존숭한 점이다. 호원은 ≪시경≫과 ≪서경≫을 문장의 전범으로 삼았고, ≪논어≫와 ≪춘추≫를 정밀히 연구했으며, 특히 ≪주역≫에 정통했다. 손복은 ≪춘추≫에 탁월한 식견을 가지고 있었으며, 경전 연구에서는 호원보다 더 정통했다는 평가를 받았다. 석개는 서

곤체(西崑體)의 문장을 반대하고 유교의 경전을 숭상해, "오늘날 세상 사람들은 양억(楊億)을 칭찬하면서 마구 떠벌려 그가 한마디 말하면 모두 화답하는데, 나는 오로지 우리 성인의 경전을 확실하게 지킬 뿐이다"라고 말했다.

넷째, 불교와 도교를 강력하게 배척했다. 손복은 불교와 도교에 대해 "생사와 화복 그리고 허무와 응보를 일삼으면서", "군신의 예의를 버리고 부자의 관계를 끊으며 부부의 의리를 없앤다"라고 비판했다. 그리고 석개는 격렬하게 불교를 배척한 한유의 견해를 이어받아 정치와 윤리 측면에서 불교를 비판하는 데 주력했다. 그는 불교에 대해, 군신과 부자 사이의 '상도(常道)'를 파괴하고, 허황하고 방만한 가르침이며, 요상스럽고 미혹하는 주장이라고 생각했다. 이러한 비판들에 근거해 본다면, 이들이 불교와 도교를 강력하게 배척한 가장 큰 이유는 '우리 성인의 도를 망가뜨리고 부수는 것'이라고 판단했기 때문이다. 그러므로 송초 삼선생은 불교와 도교의 이단에 대해 힘껏 물리쳤을 뿐만 아니라, 유교의 사상을 진작할 수 있도록 학교의 제도와 인재의 양성에 온 힘을 기울여 실천했다.

이상 살펴본 송초 삼선생의 학문과 삶에 나타난 네 가지 특성은 송나라 학자들의 학풍에 지대한 영향을 끼친 것이며, 특히 정주학의 학문적 특성이 형성하는 데에 중요한 지침이 되었다고 평가할 수 있다. 따라서 송초 삼선생은 송나라 초기에 태산에서 강학한 학자라는 시간적 · 공간적 한계를 넘어 중국 학술사에 태산처럼 우뚝한 사표로서 자리매김하는 인물들이다.

≪손명복 소집≫의 구성 내용과 학술사적 의의

이번에 번역한 ≪손명복 소집≫은 산문 19편과 시 3편으로 구성되어 있다. 다시 산문을 문체별로 구분해 본다면, 논변문 13편, 편지 4편, 기문 2편 등이 실려 있다. 논변류에 해당하는 작품은 <요임금의 권도에 대해 논함>, <순임금의 체제에 대해 논함>, <문왕에 관해 논함>, <사호에 대해 논변함>, <동중서론>, <양자에 대해 변론함>, <한 원제의 찬 뒤에 씀>, <가의의 전 뒤에 씀>, <평진을 죄줌>, <무위의 올바른 뜻> 상편 · 하편, <유자의 치욕>, <세자 괴외에 대해 논함> 등이다.

손복이 지은 논변류 작품들을 살펴보면, 기존 학설에 관한 문제 제기를 통해 새로운 견해를 주장하는 면모가 뚜렷하다. 이러한 점은 그의 학문과 사상이 가지는 특징을 선명하게 보여 주는 것으로, 기존의 학설을 비판적 관점에서 고찰해 올바른 의론을 제시하려는 경향이 강하다. 또한 주소(注疏)의 학설과 변려문의 글짓기를 조장하는 과거 시험에 대해 비판하고 유학의 본질을 회복하려는 지향을 추구했다. 같은 맥락에서 불교와 도교에 대해 통렬하게 비판하고, 유학의 도통(道統)을 계승하고자 노력했다. <신도당기>에 따르면, 손복은 유학의 도통을 요·순·우·탕·문무·주공·공자 등이 확립해 맹자·순경·양웅·왕통·한유 등이 계승한 것으로 인식했다. 이와 같은 손복의 학문과 사상은 북송 초기 도학(道學)의 형성에 중요한 영향을 끼쳤다고 평가된다.

편지는 범중엄에게 보낸 2통, 공도보에게 보낸 1통, 장동에게 보낸 1통이 있다. 범중엄에게 부친 첫 번째 편지에서는 그가 태학에 부임한 일을 칭송하면서 학교의 중요성, 교학 내용, 학관 추천 등을 서술했다. 두 번째 편지에선 과거 시험에서 표준으로 삼는 주소(注疏)의 문제점을 지적하고, 이보다 뛰어난 학설들을 채택해 학풍을 새롭게 변화시켜 주기를 요청했다. 공도보에게 보낸 편지는 그가 공자(孔子)의 후손으로서 가묘(家廟)에 맹자·순경·양웅·왕통·한유 등 오현의 사당을 짓고 소상(塑像)을 만들어 제사를 지내는 일에 대해 칭송하는 내용이다. 장동에게 답장

한 편지에서는 손복의 문학관을 확인할 수 있다. 그는 "문장은 도의 작용이며, 도는 가르침의 근본이다(文者道之用也 道者敎之本也)"라고 말해 도학의 관점에서 문학의 쓰임에 관해 설명했다.

기문 2편은 공도보가 추현에 맹자의 사당을 건립한 전말에 관해 기록한 <연주 추현에 건립한 맹묘 기문>과 태산 남쪽에 지은 건물에 신도당(信道堂)이라고 이름 붙인 까닭을 밝힌 <신도당기>다.

시 3편은 <밀랍 촛불>, <8월 14일 밤에>, <학생들을 깨우쳐 줌>이다. <밀랍 촛불>에서는 손복이 지닌 국가에 대한 충성심을 볼 수 있으며, <학생들을 깨우쳐 줌>에서는 자신이 지향하는 학문의 목표를 제시하고 근면한 배움의 자세를 권면했다.

이상으로 ≪손명복 소집≫의 구성과 수록 작품들에 관해 간략하게 살펴보았다. 이를 통해 ≪손명복 소집≫의 분량은 매우 적지만, 그 속에 담긴 내용은 북송 초기 도학자들의 학문과 문학을 이해하는 데에 중요한 단서를 제공하리라는 점을 확인할 수 있다.

참고 문헌

- 가노 나오키(狩野直喜) 지음, 오이환 옮김, ≪중국철학사(4)≫, 지식을만드는지식, 2017.
- 우노 데쓰토(宇野哲人) 지음, 손영식 옮김, ≪송대성리학사(Ⅰ)≫, 울산대학교 출판부, 2005.
- 위안밍잉(袁明英) 편저, ≪능한동천(凌漢洞天)≫, 중국문사출판사, 2003.
- 천라이(陳來) 지음, 안재호 옮김, ≪송명성리학≫, 예문서원, 1997.
- 최석기 외, ≪송원시대 학맥과 학자들≫, 보고사, 2007.

옮긴이에 대해

전병철은 경상국립대학교 한문학과에 재직하고 있다. ≪남당 한원진의 대학 해석 연구≫로 석사 학위를, ≪대산 이상정 성리설의 회통적 성격≫으로 박사 학위를 받았다. 주된 연구 분야는 경학·성리학 등의 유학 사상이며, 지역학으로서 남명학파에 대한 연구도 꾸준히 수행하고 있다. 이번에 번역한 ≪손명복 소집≫은 중국 태산학파와 조선 남명학파의 연관성을 탐구하는 과정에서 나온 결과물이라는 점에서, 지역학 연구의 외연이 확장된 것이라고 스스로 의미를 매길 수 있겠다. 그리고 손복의 학문과 사상을 통해 태산학파의 학문적 특징을 이해하는 토대를 가지며, 이를 근거로 산악과 유학 사상의 조응 관계를 해명할 수 있도록 계속해서 노력할 것이다.

손명복 소집

지은이 손복
옮긴이 전병철
펴낸이 박영률

초판 1쇄 펴낸날 2023년 3월 15일

지식을만드는지식
출판등록 제313-2007-000166호(2007년 8월 17일)
02880 서울시 성북구 성북로 5-11
전화 (02) 7474 001, 팩스 (02) 736 5047
commbooks@commbooks.com
www.commbooks.com

ⓒ 전병철, 2023

지식을만드는지식은
커뮤니케이션북스(주)의 고전 출판 브랜드입니다.
이 책은 저작권자와 계약해 발행했으므로, 본사의 서면 허락 없이는
어떠한 형태나 수단으로도 이 책의 내용을 이용할 수 없습니다.

ISBN 979-11-288-6834-4 03820

책값은 뒤표지에 있습니다.